让生命圆满的方法

了烦脱俗

嘎玛仁波切·著

新星出版社 NEW STAR PRESS

图书在版编目（CIP）数据

了烦脱俗：让生命圆满的方法 / 嘎玛仁波切著 . —北京：新星出版社，2012.10

ISBN 978-7-5133-0890-8

Ⅰ . ①了… Ⅱ . ①嘎… Ⅲ . ①佛教 – 人生哲学 – 通俗读物

Ⅳ . ① B948–49

中国版本图书馆 CIP 数据核字 (2012) 第 215246 号

了烦脱俗——让生命圆满的方法

嘎玛仁波切　著

责任编辑：汪　欣
责任印制：韦　舰
特约编辑：何　牧
装帧设计：周　红

出版发行：	新星出版社
出版人：	谢　刚
社　　址：	北京市西城区车公庄大街丙 3 号楼　100044
网　　址：	www.newstarpress.com
电　　话：	010-88310888
传　　真：	010-65270449
法律顾问：	北京市大成律师事务所

读者服务：010-88310800　service@newstarpress.com
邮购地址：北京市西城区车公庄大街丙 3 号楼　100044

印　　刷：	北京京都六环印刷厂
开　　本：	700mm×1000mm　1/16
印　　张：	16
字　　数：	150 千字
版　　次：	2012 年 10 月第一版　2012 年 10 月第一次印刷
书　　号：	ISBN 978-7-5133-0890-8
定　　价：	38.00 元

版权所有，侵权必究，如有质量问题，请与出版社联系更换。

目录

001 前言

卷一 想想这辈子值不值

我来这个世界到底是干什么的？我的目标是什么？我在这个世界生存的价值是什么？

002 你有安全感吗
004 从乔布斯看人生的真价值
007 我们究竟获得了什么
009 我们真的需要这些吗
011 马车理论
013 可贪的福德
015 该是你的就是你的
016 求福报的方法

020	这不是从天上掉下来的
022	希望与奢望
024	海市蜃楼的障眼法
026	为众生而求
028	"愿"与"贪"的一念之差
030	"就只有这一点点要求"
031	增长正面的力量
033	怕因不怕果
034	近朱者赤
037	去种自己的地

卷二 我们都有的疑心病

人一辈子做成功的事情很多，做不成功的事情也会很多；不成功时，如果我们持怀疑、妒忌的心，就会不舒服。

040	庸人何自扰
042	有烦没恼
043	越聪明，越烦恼
045	我们都有的疑心病
048	傲慢与猜疑的可怕
050	傲慢的人身上留不住优点
052	面子的虚荣

054 莫要中毒
056 人生充满了未知数
057 自我捆绑是痛苦的根源
059 无常的变化让人所求不得

卷三 保护我们的方法

我们的心好比野马，正念就像将马儿绑在柱子上的绳索，将心牢牢绑在善法上。而正知就像看管马儿的警卫。

062 被锯掉的脚还在痛
064 在乎者多伤害
066 借刀伤己
067 保护我们的方法
071 假伏藏师的故事
072 龙树菩萨之舍生
075 为什么要忏悔
077 用正知正念改过
081 难陀的出离
083 能治病的佛陀

卷四 尊重生命

只要生命是有灵魂的，那么他对快乐的需求度实际都一样的，对痛苦的拒绝度也都一样，从这一点说众生平等。

- 088 从让人崩溃的科学实验说起
- 090 不只是人类的平等
- 092 一个亿万富豪的遭遇
- 093 由放生得到的……
- 097 鹿野苑：世界上第一个野生动物保护区
- 098 什么时候会哭
- 100 安宁地离去和快乐地活着一样重要
- 102 人和人的相聚都是短暂的
- 103 谁也躲不过的生老病死
- 107 佛陀表演的人生

卷五 心若得了自在

我们每个人都具备可以开放的潜能。一个含苞待放的莲花和一个完全开放的莲花在本质上是一样的。

- 110 是毒还是药
- 112 心贼伺机而动
- 114 安心与安家（一）
- 116 安心与安家（二）
- 118 我这辈子什么都不缺

120　学佛不消极

121　修行的诱饵

123　人最不容易了解的是自己

125　心若得了自在

127　佛像和寺庙本身并不是佛法

129　一日三省吾身

131　莲花的能量

133　咖啡酥油茶不能混着喝

134　建造自己的住所

135　为明天做准备

卷六　对众生应有的态度

感恩的心是帮助我们破除嗔恨心的最好方法。心量要大。每天早上起来我们还活着，要感恩周边提供我们生存的人。

140　人的多面

142　富贵在心

144　爱财不恋财

146　假设角色替换

149　不要去接他的茬

151　恶语伤人

152　善巧的两舌

155　亲仇之间

- 157 狗儿子与真儿子
- 160 照顾好父母就是大供养
- 162 百善孝为先（一）
- 165 百善孝为先（二）
- 166 "老小孩"
- 168 怎么会对最亲的人说最难听的话
- 170 人不自私脾气好
- 173 爱有多难
- 174 爱的承担
- 176 从水里救人要先会游泳

卷七 完满的境界

慈悲为怀的"慈"和"悲"，慈，是给予安乐。悲，是拔除苦难。"慈悲"是希望每个有生命的众生不要有苦难而拥有快乐。

- 180 随缘是让缘分成熟
- 183 心念的过滤
- 186 还是现在不自在点好
- 187 如果欲望本身是一件好事
- 189 "你是好样的"
- 191 感恩所有人
- 192 吃亏是福
- 194 己所欲，施于人

196　己所不欲，勿施于人
198　洗心革面
200　加持是心愿力量的汇集
202　清净的信仰
203　观世音菩萨的手
208　价值是在往外奉献时得到的

卷八　快乐不仅仅是心情

如果每个人都能够驾驭自己的欲望，那么快乐的来源实际上很简单。

212　快乐的人是向善的
214　什么时候最快乐
216　为别人高兴
217　助人为快乐之本
220　知足者常乐（一）
222　知足者常乐（二）
223　有钱了为什么也不快乐（一）
225　有钱了为什么也不快乐（二）
227　获得永恒的快乐
228　为尽力付出而高兴

231　**附　录**

慈之悲悯，善之智慧——专访嘎玛仁波切

前 言

时下,科技进步带动了社会进步,浓缩起来,就是速度与时间的交换,一切都"快"字当头。如果不符合这一规则,就会被疏远、淘汰。于是由城市引领着乡村,城市生活成为了社会生活的标杆。

在高楼林立、车水马龙的繁华都市,生存环境充满了竞争和挤迫,困于种种压力,人们的生活变得机械化,许多人在忙碌和疲惫中日渐丢魂失魄,心里空落落的,孤独成了大家的口头禅,亲情和友情等原本平常的情感已在生活大提速中变成了奢侈品。贪嗔痴慢疑的不良情绪日益加重,就像一张无形的网束缚着我们,让人烦恼,难以逃脱。

想改变这种局面,唯一的答案就是:用信仰来安顿我们失落的心灵,用信仰让我们生命的能量变得强大。信仰是我们正确理解和丈量生活的必需品、定心丸。

有了信仰，就可以让我们的言语和身体随着善心走。即便如此，仍不可避免有各种各样的利益冲突，不可避免有各种各样的情绪波动，那么事到临头又如何应对呢？这就需要我们修"忍"，佛陀说过最难修行的就是"忍"。能忍则忍，忍不了就暂时让一让，冷处理比趁热打铁更经得起检验。这是现代人必须具备的心态，是改善自我情绪的有效方法。

修行就是要不断剪除我们本身的各种习气，"了烦脱俗"是我们修行进阶的一项目标。人生有了大目标、大方向，那些小障碍、小挫折就不算什么了。

卷一

想想这辈子值不值

现在我们在物质各方面都拥有了很多,还是觉得苦;主要是我们没有解决心里的欲望,让欲望无止境地增长。我们实际需要的其实很少,而眼睛看到的、耳朵听到的,我们都想要。

你有安全感吗

每个人生下来都是没有安全感的,小孩子一生下来就是要抓住东西和哭闹。这种没有安全感与生俱来,就好像我们离开自己熟悉的城市,在去陌生的城市之前总是忐忑不安。

到了现实社会里,你可以看到,富人家的猫狗睡在人的床上,穷人睡的地方却像狗的窝。多少人天天低头哈腰,为了一份工作,为了一点薪水。以前,狗是用来看门的,但现在城里变成人保护狗。马路上,看似人在遛狗,其实都是狗在遛人——狗要带你去哪里,你就跟着去哪里。不是说养狗不好、养猫不好,重点是说明你没有安全感,而且是越来越没有安全感。你宁愿去相信一条狗、一只猫,相信它们不会伤害你,也不相信人——今天还对你很好,明天翻脸就咬你一口。人咬人比狗咬人还要厉害,他伤害你的方式多种多样,因为他的智商和你是一样的。所以，常常感觉亲人、朋友都无法让你产生安全感。你的伴侣和你的房子，你觉得哪个可以带给你更多的安全感？多数人可能觉得房子更可靠些，因为伴侣不知道什么时候会变成别人的，而房子总是属于你的。

为什么没有安全感呢？是因为我们的念头、使用的力量都是负面的。简单地讲，人的思想有两种，一种会带给你快乐，一种带给你伤痕累累，这就是"善"和"恶"的念头。我们每个人都期望善的念头，比如一出生期望父母对你很好、长大了期望朋友对你很好。我们要求别人对自己很好，对自己忠诚，不要欺骗自己。然而，你去骗别人，就不觉得是错的、是违背良心的，对别人没有愧疚心。人们常常通过战斗的方法来降伏你不喜欢的一切，如工作中的争斗、生活中的不如意等。

我们时常带着这种负面的力量来生活，如贪婪、嗔恨、愚痴、傲慢、疑心等。它们具备了足够的爆发力，当一个人贪婪的时候，他创造财富的速度肯定比不贪婪的人快速。然而，财富创造出来后，一开始少数时，它是属于你的；当财富到达一定数量，你就成为了大众的目标，他们趴在你身上，像扒皮一样一点点把你扒掉。财富累积是很辛苦的，再被别人一点点扒掉，那便是痛苦了。没有人在被别人扒掉财富的时候还乐呵呵的，所以，负面的力量永远是存在的。一个人具有嗔恨心，用武力征服他人，表面看起来很爽，或打人或骂人，一下子爆发出来，把体内囤积了很久的东西像燃气一样一下爆出来，很有力量；然而，最后总会发现，当什么时候人家用同样的方式对待你，这种恐惧非常难受。

从乔布斯看人生的真价值

现在我们在物质各方面都拥有了很多，还是觉得苦；主要是我们没有解决心里的欲望，让欲望无止境地增长。我们实际需要的其实很少，而眼睛看到的、耳朵听到的，我们都想要。嘴更是如此，吃完了中餐就想晚餐吃什么，吃完晚餐就想早餐要吃什么。我们的大脑一天中停留在吃上面的时间太多了。可还有很多人都吃不"饱"，担心儿女"明天的一餐"在哪里。穿衣服也是如此，很多人穿衣服只为了遮风挡雨，而有些人却为身上穿什么牌子而烦恼。

乔布斯是苹果电脑的创始人，他还是一个虔诚的佛教徒。苹果的产品全世界人都喜欢用，乔布斯因此累积了很多财富，但大部分财富他都用来做慈善，他自己出现在公众场合也就那么一件黑色的圆领衫。他非常聪明有才华，多年前就已经被查出罹患癌症，由于对佛菩萨的虔诚坚定之心，所以一直延到最近才往生。在这五六年同病魔作战的时间里没见过他以憔悴的面容出现，往生前他还在很多慈善的场合表现出淡定的姿态。这是很好的一个表率。还有像李嘉诚，也是一位虔诚修行的人。对他们而言，财富只是让大家有饭吃，让更多人有工作做。

当你变成一个不受物质约束的人，你拥有再多，只会作为施舍者，用你的力量、智慧、财富去造福更多的人。

人的价值不在于生命的长短，很多高僧大德都是在五六十岁就涅槃了，在生命最旺盛的时候去利益众生，然后涅槃再投胎去利益众生。我们来到这个世界，要珍惜每一天，要让生命愈来愈有价值，而方法就是：活在当下，珍惜每一个机会做好事，行善修行。

以前有很多人认为，生意失败、婚姻有问题、心灵痛苦的人，才会去寺庙出家；直到现在学佛以后，这种观念才慢慢纠正过来。曾有一个朋友问我：你经常来内地，是来要钱的吗？我回答：是来扶贫的，因为你们心灵空虚，很多人在物质不缺之后反而觉得心灵贫穷；虽然富有了，但生存的价值在哪里？寂天大师说过，当我们奄奄一息时，唯一可以救护我们的，真正让我们免于恐惧的，是一生中累积行善的福报。

一个人面对死亡会感到恐惧，可又一定要面对，那么，有没有什么事物可以让死亡变成快乐的事情，让我们能坦然面对？这个关键的事物，绝对是一生中对得起自己良心的善业，也就是信仰和这辈子累积的福报。

让自己学会发愿，并付诸行动。有很多人的愿力很美，但行动力多半不足。我们对因果大都能认知，但深信度不够、半信半疑，这和对自己的生命不负责任是有关系的。如果对自己的生命负起责任，应该会懂得对自己的所作所为负起责任并付出代价。要知道，我们现在的起心动念或作为都将成为下一世好坏的因缘，也牵涉到死亡时是快乐的还是痛苦的。

在藏区有很多目不识丁的老人，往生时是带着笑容走的，甚至会告诉家人，自己这辈子念了好几亿的心咒及经文，可以当财富带着往生，不必替自己担心。这就是他们懂得生命的意义且加以珍惜，所以面临死亡无有恐惧。就像密勒日巴大师讲的："死亡非死亡，死亡是小成佛。"所以说，一个人一辈子的修行非常重要。

我们究竟获得了什么

一味地追求外在事物,久而久之会发现,我们自己不见了,好像行尸走肉,满脑子迷惘和困惑,充满各式各样的烦恼:我来这个世界到底是干什么的?我的目标是什么?我在这个世界生存的价值是什么?

搞不清自己在这个世界上到底为什么而活,于是就找理由,创造出很多短暂的活着的理由:读书,考学分,找个好工作,恋爱,拥有一个家,买房子,买车子等等。做了这些事,仿佛就可以接受别人的掌声和赞美。生活中很多事情都煞费苦心,如去找哪里的东西好吃、什么地方好玩,给自己设定了很多小目标。然而,我们究竟获得了什么呢?麻木空虚。你觉得好玩的事情都会玩完的,你觉得好吃的东西有天也会吃腻的,你觉得了不起的权力有天也会消失不见的,你所追求的喜爱的人和事有天也会变化的。当你找不到下一个目标,你会发现,空虚是那么巨大;当你的目标不能实现,你会陷入无尽的烦恼和痛苦中。

"行尸走肉"这个词,很多人不喜欢;反观自己,所追求的是不是都在为肉体这个臭皮囊服务呢?为臭皮囊服务了很

多年后,它也老化了,慢慢坏掉了,你又开始要挽救它了,其实对它而言可能是一种折磨。你看,吃好了,穿好了,爱人找好了,孩子生好了,房子住好了,车子开好了,身体就开始发福,越来越胖。很多人非常年轻就会得病,以前说什么高血压、高血脂、糖尿病多是中老年人才会生的病,现在二三十岁就得这种病了。甚至很多小孩子并不是因为遗传有病,刚到十几岁就已经有糖尿病、高血压、脂肪肝了。我们会说:"因为爱!"可我们打着爱的名义做了多少糊涂事啊!为了孩子好,给他们吃很多高营养的东西,该吃的、不该吃的,都一股脑喂给孩子,结果反而是害了他们。

得病之后,怎么办?医生说要锻炼身体。于是你花费心力增加的脂肪变成你的下一个目标——把它再减去。于是去爬山,把自己累得要死;跑到按摩院里让人家捏来打去……你看,所谓的快乐是什么?就是从如此"折磨"自己的痛苦中获得一点安慰。"嗯,减了没有?""减了一斤两斤,太好了!"心里很高兴,所以舍得花钱继续接受折磨。

人的那种空虚啊,要找很多东西来填补,越想填上,却往往得不偿失。因为它不是那种真正发自内心的快乐,填补来的快乐不是究竟的快乐。真正快乐的源泉,是从无私的付出中收获的。无私付出的快乐是永远不会枯竭的。做了善事,这种快乐,你今天想到也会开心,明天想到也会开心……

我们真的需要这些吗

生活中我们想这想那,经常在讨论长相好坏、身上穿得如何、房子有多大有多舒适……其实,这都是我们的"思想"在运动,再通过眼睛、耳朵、鼻子、舌头等不同的感官去感受,去选择这个"思想"想要的或不想要的,而它选择的对错好坏我们却无法察觉,永远都在为它服务,不停为它奉献着。"思想"真的需要这些东西吗?实际上它没有这个需求,是我们的心里起了浪,毕竟我们有太多的习惯在那儿,以为自己真的有这些需要。当我们向内观察,往我们心里看,向着更深层去寻找它,在所认知的"思想"下面还有一个更沉淀的东西,我们也可以叫它"灵魂"——它就是我们的心到处漂泊的源头。

这像什么呢?太阳或者月亮在天上,下面有厚厚的云层,再往下是狂风暴雨闪电。这滂沱的大雨是从哪儿来的?是从云层那儿来的。我们却认为那就是天空，说天空在下大雨。当我们坐着飞机慢慢升高时，雨越来越小；终于冲破黑色的云层，看到白色的云层，再往上，太阳依旧在那里，还是万里晴空。我们的思想也是这样的：它让我们一会儿贪念，一会儿嗔恨，一会儿妒忌，一会儿痛苦，一会儿快乐……其实它就好像狂风暴雨上的云层，而那个黑色的云层就是无明啊！就是我们思想里本来的无知，它一直在那儿，我们还没认清楚它的本质；但当揭开它的本来面目时，在这个层面上，它进入一个非常安静的状态——就好像我们白天忙忙碌碌，想这想那，产生很多杂念，累了或临睡的时候，一切思想就慢慢停下来。

这又像是爬山。一开始就想"哇，我要征服这个山啦"，然后背着包往山上走，很快乐，想着沿着哪里走最好，回头下山怎么走最有趣。可是真的越往山上走就越觉得累，越走越累，大脑里想法越来越少，后来只剩下"脚要好好踏在那儿，不要跌到山下去"这个念头，最后连这个念头也没了。你一屁股坐在那儿，大脑似乎停下来了，想不起来任何事情，白茫茫一片，只有舒服的感觉，没有其他任何感受，听到的也只有自己的呼吸。

所以说，思想是很奇怪的，你只要放纵它，想法就特别多；最后当它停顿在本质中、没有杂念的时候，心没有被干扰，即是人最清醒的时候。我们常说一句话"冷静地想一想"，就是说要把杂念都放下，人不随着它走。

我们每天为什么会有那么多的念头？因为我们太爱自己的那种念头，爱去回忆，反复地回忆，所以你越跟着它走，它的想法就越多，一直不停去想，就会越走越远。

一件快乐的事，我们重复去想它，就让你感觉这个世界除了快乐就没有其他了；有些事情是令人痛苦的，越回忆越痛苦，那么你就掉入它的漩涡，好像整个世界只剩下它，它就变成你生活的全部。实际上，我们的生活本身就是喜怒哀乐，是由我执在那儿主导着——我认为应该这样，我认为应该那样。那么，我们需要学习的就是破这个执著。

马车理论

没有"我"，不代表"我"不存在，所以佛陀用马车理论告诉我们，人就是一个马车，由各个部分结合而成。诸如汽车，有轮胎、引擎、方向盘等，由此综合起来的东西，我们就说是"车"。宝马车，奔驰车，这个车，那个车，车到底是什么？引擎是引擎，轮胎是轮胎，燃料是燃料，把它分解开，就找不到所谓的车啦！车就是那些物件组合起来的一个整体。

人也是这样。在说"你是谁"的时候，拍着胸脯指着自己的身体说"这是我"，可以。因为这只是个模糊概念。如果胸脯放一边，头发放一边，大脑放一边……全部器官分开来放，就会发现哪个都不是"我"，又好像都是"我"，是"我"的一部分。那现在，肝也可以换了，心脏也可以换——难道你的那个"我"不会死？你死了，你的心脏换到我这儿来，我还不会变成你。实际上，灵魂是各自的。

依我们现在的能力，还没能达到整个脑筋换掉。以前想着"心脏被换掉，那不得了，我的思想全跑到你那儿"，现在知道是不会的了。所谓的"我"就这样：我们讲的"无我"并不是说"喔，这个人不存在，那个人不存在"，只是告诉你说"这个张三也好，李四也好，从头发到脚趾甲，要指一个具体的地方说这里就是张三李四这个人"就不对了。原因是什么？人死了，只是没气儿了，而其他部分都在啊！那我们又不能说那股气就是"我"，因为那个更飘渺！

可贪的福德

我们讲的财富范围很广,也把财富称为资粮,概略可以分为福德与智慧两种,其中福德资粮又分为可贪的和不可贪的。可贪的福德是什么?是寿命、健康、心灵自在。

第一个珍贵的财富是寿命。一个人能活着是最大的福报,假如连命都没有,拥有世界第一的财产、权大到如国王一般又有什么用?很多人努力争取钱财,追求别人的赞美,想方设法让别人认同自己,又用不同的食物滋养身体,为三餐忙碌,这些都是为了让寿命维持下去。从小到大,不知经历了多少病痛,打针吃药,也是为了延长生命。而真正延长生命的最好方法,就是尽量不伤害其他众生,要协助其他众生。不杀生是延寿最好的方法,因为杀生会造成很不好的后果,也会产生烦恼;要戒除杀生,还要多放生。

健康的身体是第二个可以贪的财富。如果有命在,但没有健康的身体,有用吗?大家辛勤劳动,挣血汗钱,为的是什么?是为了将来老了,在身体机能退失、行动迟缓时还有财富可以维持生命。但即使为了身体的健康,一日也才需要吃三餐——人的消化能力有限,不可能把所有美食全部吃下肚。可是，人们的眼睛会继续诱发贪念，心停不下来。多少人因为过度的贪欲，不分白天夜晚拼命赚钱，结果全身都是病，所赚的钱多用来治疗身体，只能在忍受痛苦的状态中活着。当然，为了自己或家人的温饱，勤劳地赚取财富是有必要的。所以，寿命和健康一定要并存，否则，虽然有寿命的财富，却没有身体健康的财富，在病床上经历许多的折磨，多么痛苦啊！

有了寿命和健康的身体这样的财富还不够。有了寿命和身体健康的财富，如果心灵无法快乐自在，会觉得更痛苦。所以，第三种可贪的财富就是心灵的自在。例如，心里不甘愿奉养家人的，就会天天埋怨；其实施者比受者更有福报，因为有福报才有能力奉养家人，这种能力也是上辈子累积善业才有的。父母养育了我们，而在他们没有能力谋生时换我们奉养他们，这本来就是伦理上的正常循环。如果有心灵上的自在，能够心境轻松地做这些事情，就不会觉得为人奉献是痛苦的事了。

该是你的就是你的

人生的福报有定数,该是你的就是你的,不是你的就不是你的。人要珍惜自己的福报,也要警戒贪心,不是自己的东西就不能取,否则不仅造作罪业,折损福报,也违背了社会道德,甚至触犯国家法律遭致惩罚。

用不正当的方法将不属于自己的东西占为己有,就是偷盗、"不予取"。"不予取"有三种:一是用权,巧取豪夺;二是偷盗,在主人没看到的时候暗中偷取;三是欺骗,用所谓的"聪明才智"以非法取得。

靠暴力取得财富是最严重的偷盗,例如发动战争攫取别国的石油资源。

有些人以为,没有亲手偷盗,用经商诈欺的方式获取财物,是没有罪业的。其实,这和直接偷盗没有什么差别。经商要精打细算,有些商人为了获取最大利益,想尽各种办法,甚至做违法违背良心的事情,如逃漏税。这在我们现在的社会里并不是少数。很多人贪污,明目张胆地"取巧",把别人的财富据为己有。这些都是偷盗的行为。

巧取豪夺来的东西,也许会带来短暂的快意,但很快会被长时间的痛苦所替代——犯法坐牢，良心受谴责，被人们唾弃，祸及子孙后代，那个滋味是不好受的。

求福报的方法

痛苦还是快乐，不是别人主导的，而是你的心在创造。别人能够给予的痛苦或快乐是很短暂的，你要在这个痛苦或快乐里停留多久，完全取决于你自己。别人骂你，了不起一个小时，时间再长他的口水都干了，接下来就是你自己骂自己，翻来倒去回想他骂你的片段，今天想完了明天想，明天想完了后天想。用负面的情绪反复地折磨自己，这就是人愚昧的地方。我们学习佛法就是学着从这些烦恼里解脱，统统放下。一个是消灭烦恼，一个是保护我们自己，获得快乐。什么是追求极乐世界？就是追求永恒的快乐——削弱负面的力量，增强正面的力量和行善积德的力量。

你花几万块钱吃鱼翅、鲍鱼，喝洋酒，第二天就得想着怎么省钱；你试试看，拿一百元布施给一个贫穷的人，你会想一次快乐一次。

人真正的快乐，是从对别人的奉献里得来的。你要把自己的福报变得很高贵，并不是自己吃得好、穿得好，而是在此之外帮助其他真正需要帮助的人。

为什么人们热衷传宗接代？因为，在这个过程中你可以把孩子抚养长大，你奉献了很多，所以你快乐。父母一辈子辛辛苦苦，就为了子女长大有套房子住，有一门技艺养家，这就是在奉献。你将这种奉献延伸出去，把这股能量往外扩散，你会很快乐。

当今社会，那么多人有狂躁症、忧郁症，找不到人倾诉，容易走极端；你就仅仅做个倾听者，都是在做很大的布施。很多人不解，我怎么那么善于倾听，很多莫名其妙的电话一接就是几个小时。除非我没有时间，不然我都会耐心倾听，因为我知道起码这是一个希望，他们抓住了救命稻草，更何况这"稻草"还是根"棒子"，可以抓久一点，对他们来讲就有了安全感。

我们要学会用自己所有的能量去照亮别人，在这个过程中，我们可以得到我们所有的快乐与福报。积德行善永远不会让你失望，只会让你的福报会越来越多、越来越好。当你们互助超过两个人，你就开始"赚"到了。这个人也许暂时没有能力帮助你,也许他有能力帮你;当有了更多的人参与其中,你有需求的时候,总能够得到帮助;而且,正是因为这样的帮助,会改变更多的人,从而加入这个队伍。

奉献的心态,就好像农民播种的时候不去担心会不会有收成,想着只要好好地呵护着就一定有好收成,而不是动不动就拔出来看看有没有进展。好比我们做功德,今天布施了一百元,马上想知道明天会不会有回报,这种欲望很快就把你做的功德给烧毁了。在寺院,有的信众拿着高香,连大殿的门还没迈进、菩萨还没见到,就开始想待会儿要向菩萨求什么、给赚多少钱、要买多少房子。还没见到菩萨,就开始讨价还价。等见到菩萨,就开始念叨"菩萨,我把这个香给你,你要给我多少多少"。去寺院本是为了清净、做功德,结果还助长了自己的贪念,适得其反。

求福报是要有方式方法的。先要把自己的心量放大,要有奉献的精神,再好好帮自己发愿。只有播种完了,才会有收获。我常常对一些弟子讲:如果你真的功利心那么强,那么最起码等香烧完了、离开大殿了,再跟菩萨谈条件嘛。香还没插好、脚还没迈进就开始谈条件,菩萨也很"可怜"啊,还要想着怎样才能保佑你。一炷香多少钱?一根蜡烛多少钱?菩萨给你十倍、百倍，够不够？怎样都满足不了你的贪欲啊！

记住，从内心观察我们的身口意，用纯洁的心去做慈善事业，在这个过程中，你的心不但会变得完美，还会变得很坚强。所有的福报，不需要你求，都会自然而然地来到，为你的生活锦上添花。当你没有福报的时候，即便有人雪中送炭，你家里也不一定有打火机可以点燃；有人给你送工作送事情做，也必定会做得一塌糊涂。

有个弟子在美国拿了博士学位，回国工作，可每去一家公司上班，公司一上市他就会被开除。他就东家呆呆，西家做做，钱也赚不少，但就是做不长久。后来，父亲让他回家打理家族生意，把所有技艺都传授给了他，结果不到三年公司就负债累累。父亲很诧异，他们是给人做裱画的公司，人家拿画来裱好就行，怎么还能亏钱？后来我告诉他，还是没有福报的问题，让他出去打工最好，不然家底都要败光。有的人就是这样：不管你多有才华，工作有多努力，就是做什么都做不好，一辈子就是打工的命。所以，如果你也是这样的人，不管怎么努力也无法成功，你还不如工作之余念经持咒放生，行善积德，累积福报。周末可以去医院、老人院、孤儿院等做义工，为社会做奉献，哪怕只是做几天，慢慢地你的福报就累积起来了。

 这不是从天上掉下来的

你今天种下了好种子,不要想着明天我出去是不是财富、权力、名声都有了。也许现在你没有那么多,福报就像钱存在银行一直会留在你身上,也许哪一天你要用的时候就有了。

我们小的时候跟师父学习,有一批师兄来了后没有饭吃,常跑去外面托钵,好几个月后回来,课业就落了一大截。后来师父说,你们把福报彼此分享一下,吃的喝的分一分,大家饿不死就行了。我们一日两餐,过午不食,把省下的一餐给师兄弟们,这样他们就不用去外面了。像我就坚持了六年的日中一餐,那时候很精进,也想多省点时间来修行。

修行不是那么简单就可以成功的,需要付出努力。多修一点忍辱,不要修了一点点,遇到一些小挫折就丧失信心了。那些师兄弟远离家乡在嘉绒苦行,我们分点食物给他们,他们根本是吃不饱;但是熬过来了,以后全都成为藏区赫赫有名的高僧大德了,得到大家的尊敬。

这不是天上掉下来的。我们十六七岁就承担承上启下的职责,不是我们想这样,是没有人啊,我们必须这样,从而让我们早熟、早点承担大任。当时是最艰辛的。经文就只有师父手

中的一本书，师父讲的时候大家用心听、用心背，然后把书借过来抄。就是在这样艰辛的修行中，磨炼了一批成就者。

盖佛学院前，一个大功德主问我："师父，你准备用多少钱来盖这个佛学院？"我说："大概花四百多万就可以了。"后来才听说他回去跟太太说："那个师父真不懂建筑，四百多万怎么盖这么大一个佛学院？"再后来我果然花了几十倍的钱，但这件事我做成功了。有很多居士的大力协助，大家的愿力会实现的。

人生会有很多奇妙的因缘，自然而然；只要我们去努力，都会成功。但这不代表你不用努力。刚开始盖庙，要到深山里去砍伐木材，再运出来。木材有的十几米长，由我们二十几个小孩抬回来。其中最大的也就十九岁，小的五六岁、七八岁都有。大家像小蛮熊那样搬东西。最后，肩膀上的肉都炼得一块一块的，却感觉很开心。有时候下大雨，泥浆溅到膝盖，我们边诵经边扛着木头往寺庙方向跑，心里觉得"好大的荣幸啊，怎么会轮到我来盖庙"，从来没想过"我怎么这么苦啊，现在是不是业障现前哪，还要我在盖庙搬石头啊"。我们当时快乐得不得了。

我们经历过很多这种修行，包括零下二三十度的时候在野外的月光下背经书，呼吸出来的气沾在皮毛上会结成一块块的冰。晚上没有灯光，要等月亮，有时候凌晨两三点钟月亮才出来，那就凌晨两三点钟在外面背经书。藏传佛教的学习很严格，今天学习的，明天就要考。就这样，经历十几年的修行磨炼，才有今天和你们讲的这些话。也许很多人都会讲，但这是我们亲身经历的；学者们可能是自己讲的自己不能做，修行人是自己讲过的自己做，这就是差别。

 希望与奢望

希望和奢望有差别。我们都希望自己今生不要生病、青春永驻、健康长寿、家财万贯、永远幸福美满快乐。但是，在人世间，这是不可能发生的奢望。如果我们发愿，希望我们成为一个对别人有用的人、有一天我们能够解脱，这是有可能实现的希望。

很多人都希望自己将来能拥有好的事业、幸福的婚姻和家庭，可当拥有之后，接下来的感觉便是空虚。如果有宗教信

仰，眼光会看得较远。如果没有宗教信仰，那我们的希望就是：你拥有一百元时会想拥有二百元，有两百元时又想拥有三百元。希望拥有家庭，之后又把希望放在儿女身上，这样一直往下发展，永无穷尽。而当你发觉所希望拥有的钱财、学问都落空了，或是你认为会为你付出的人也让你失望了，甚至连儿女也不孝顺，希望就变成了绝望。

每个人有不同的烦恼，问题是，你所希望的一切都给你了，你还是会产生痛苦。例如，释迦摩尼佛一出生就是王子。《入菩萨行》的作者寂天大师也是王子出身。龙树大师是婆罗门，比王族更高级。莲花生大师是王子（在今巴基斯坦境内）。公元八世纪到藏区和莲花生大士一起来传教的菩提萨埵（静命）大师和十一世纪的阿底峡是古孟加拉（属古印度）的王子。他们都踏上了解脱烦恼之途。

佛陀发现，所有一切，财富也好，权力也好，并不等同于快乐，也不能带来快乐。就像现在，偏远地区的人，贫穷的人占多数，但比我们这些一线城市、发达地区的人，幸福指数要高很多。是因为他们还没有看到一些现代的东西，还没有欲望？这个有可能。人的欲望是能够挑动的。古语说"贪心不足蛇吞象"，你给他太多，他就要求越来越多。刚开始我们想法很简单,有一部车,有一个好工作,有一所房子,已经很不错了。当拥有这三项以后,我们的欲望就不只停留在这里,会越来越大。我盖庙也是这样:先盖个小庙,发现不够用,再盖个大庙,弟子来多了还挤不下,又想盖个更大的。我有时想:"幸亏庙不是我家的,要不我与你们没有太大的差别。"

贪念还是一样,但为弟子"贪",罪过应该小一点。为佛教的传播而"贪",可能也是佛陀准许的精进吧!

海市蜃楼的障眼法

幻化城又称为海市蜃楼,本来空无,但什么景象都显现得出来,在藏区空旷的大草原或辽阔的大沙漠都可以看到。而人世间的一切,就像幻化城或海市蜃楼,在本来空无之中显现出好像真实的万象。

一切有为法,本来无实体,因缘聚合而暂时显现,所以说"不是实有,但也不是没有"。在龙树菩萨那个时代的印度有很多的障眼法。当时有个人非常不相信这种法术,于是有个擅长障眼法的大师就故意戏弄他，趁他洗脸时把幻药洒进水里，那人一洗脸，药水被涂抹到眼睛上，气味从鼻孔进去了，于是产生了幻觉。起初，他看见一匹马载着一位天仙一样美丽的女人向他走来，他向前打招呼聊天，两人做了朋友。他们后来结婚生子，生活很幸福。没想到，不多久，小孩夭折了，他非常难过；接着，他们住的房子也倒塌了；最后，美丽贤淑的妻子也不幸死掉了。他哭得死去活来，就在这时，那位障眼法大师拍拍他的肩膀，把他叫醒。他才知道一切都是障眼法让他产生的幻觉。

人们常说人生如梦，的确是如此。当我们活着的时候，总认为时间太长或太短，其实这只是梦的长短罢了；因为时间一过，一切都是梦幻。昨天之前，甚至当下之前，所有的事情对我们来说都成为记忆，没有任何实有的人和事物可以重新来过。一切有为法，也如早晨的露珠，太阳一出来就消失了；又像天空中的闪电，一道白亮亮的光从空而降，刹那就消失了。

这种种如幻的譬喻告诉我们：眼睛所看到的五颜六色、耳朵所听到好听与不好听的声音、鼻子所闻到香或不香的味道、舌头尝到好吃与不好吃的味道、身体所感受到温柔与粗糙的触觉、心中所感受的痛苦和快乐，一切都是虚幻式短暂的存在。

 **为众生而求**

发自内心的希望，我们称为愿力。愿力很重要，发自内心的愿力会有不可思议的力量。要知道，愿力越大，成就越高。

我十几岁的时候就想到：我将来要出国去讲经说法、度化不同的众生，我回来就要盖佛学院。每次拜佛的时候，其他的师兄弟都在祈祷，希望佛法知识越来越好，以后可以当堪布讲经说法；我每次都对着佛菩萨磕头祈祷，"你以前怎么做的，我希望自己也能做到，希望能帮助别人；我希望把佛法推广出去，传播出去"。只要有了这个愿，佛菩萨会加持，没有什么好担心的。从小到大，离开藏区到国外，生活中的起起落落太多，好的时候睡高档的酒店，不好的时候睡在火车椅子下面的地板上。但我始终有一个信念：我要做大事，我要去度化很多人。我有信心，佛菩萨会给予我这样的力量。即便他不给我没关系，我会给自己信心与力量；但是，我相信，他一定会给我的。信心从来不动摇，只要信心不动摇，真的是"胆大无比"。

以前有一天，我跟雍忠师父上山。那时候家里穷，我穿的袍子破破烂烂的，也没有补。走到半路，看到山下的一大片地，我就跟雍忠师父说："有一天，我要筹备一笔钱，把山下那块土地买下来。"雍忠师父不屑地看一下我："先把你那个袍子缝好再说。"我就很不高兴："我的好意愿被你打破了。你为什么不能讲一句好话,干吗只盯着我的袍子？"我们两个当时都才十六岁。在我们二十九岁那一年,我真的拿了一笔钱回来,要跟人家签约买当初看中的那块土地。

愿力不可思议。不是我有多么能耐,我永远相信佛菩萨用他慈悲的眼光注视着我；我相信只要我们用心祈求,他一定会满众生的愿。

当然,如果我只是祈求佛菩萨加持我给我自己盖一所房子,也许一点用都没有。但是,只要我们是为众生而求,佛菩萨一定会加持我们。大的愿力很重要,我们一直讲要发菩提心。很多人就怕了：哎呀,我连自己都度化不了,我的家人都不肯跟我学佛,我要度化一切众生、让众生成就,这不是天方夜谭吗？另外,就是做功德回向的时候,每次我让大家把所有的功德回向给众生,很多人还是回向百分之七十,剩下百分之三十给自己。这些都是愿力还不够大。

可以肯定地说,愿力越大,成就才会越高。就像我对你们笑,你们所有的人都对我笑,我一个人就得到很多的笑脸,我很快乐。发菩提心也一样,功德回向给众生,虽然现在可能看不见回报，但是佛陀讲过，只要有这样的愿力，整个虚空作为容器也会嫌小。这样大的愿力，你只要敢发，只要天天想到众生，还愿意为众生付出，从对你身边的人开始，你就一定会有成就。

"愿"与"贪"的一念之差

贪念跟愿力很相似，一个好听，一个不好听。贪念是自私的心，发愿是广大无私的心。一念之差，发心好了就可以"烦恼即菩提"。

一念之差有这么大的差别，魔鬼与佛就只有一线之隔，关键就是心。心态能稍作一点改变，就是大功德；心态没有改变，就是大贪念。很多人认为佛教是消极的，是主张任何事情都不追求、都随缘。这个观点是错误的。这个世界上有两种信仰几乎是"贪"到不能再"贪"了：一个是世界大同的社会，那里没有压迫者和被压迫者，没有剥削者和被剥削者；再一个就是我们讲的极乐世界，没有人是官，没有人是民，众生都是平等的，没有痛苦，没有烦恼，没有忧愁。我们追求极乐世界，这是非常大的"贪"，这种大贪心理是精进的表现。

连佛陀都讲"菩萨欲成佛者小贪"。经书上讲的这个"贪"，其实就是我们常说的"愿"，跟世人讲的贪婪有很大差别。这是个非常美好的愿望：一个人努力工作，是为了让他一家人过上好日子、和谐相处，这些需要付出非常多的努力。在这个过程中，他需要忍受挫折、困难、痛苦等。一个家庭逐渐圆满的过程，是可以让整个社会和国家都去效仿的。

贪念是指为追求某一事物而持有不惜伤害自己及别人的念头。因为贪念，在追求财富、健康和权力的过程中会对别人造成伤害，也会给自己的身心带来不安。而为实现某种愿力而孜孜努力，我们称为精进。精进就是我们在为某一件事努力，付出很多辛苦劳累，这个过程还不至于让我们产生痛苦，也不至于让我们产生烦恼，更不至于让我们把痛苦带给别人。总而言之，就是不会把我们的成功建立在别人的痛苦上。在能够自己收益、对别人有益的情况下，努力而不放弃，就叫精进。

人要精进，是要努力追求一个目标，实现某种希望。比如为了身体的健康让自己的身体经受各种锻炼，或是让自己的心灵接受一些净化的训练。锻炼身体、净化心灵都需要精进努力，坚忍不拔，才会有收效。

我们在工作中或是在与人相处中，需要把自己最美好、最善良、最努力的那一面展示出来，这些是以精进的态度努力后才能做到的，在彼此付出的过程中才会产生良好亲密的关系。

 "就只有这一点点要求"

一个居士拿了一个红包放在我前面，双手合掌，很虔诚的样子："师父啊，我要求的不多。我希望我的爹妈身体健康，希望他们长命百岁。然后希望我的儿子不要再到处偷人家东西。我跟我的太太关系不好，我希望我们两个关系会越来越好，少吵架。还有，我的两个公司最近都不太赚钱，希望它能够赚大钱。除了这些以外……我的要求不多，我就只有这一点点要求而已，希望你能满足我的要求。"

我说："你的要求好像不那么少。如果我都能满足你，那天下所有的人都可以高高兴兴过他们的生活。这不是一点点的要求，是太大了，我能够满足你其中一项就已经很不错了。"

这时，突然有只老鼠跑过来，他拿起了铁锤打老鼠，老鼠跑得快，没打着。我说："别打它！别把它打死！"他问："师父，为什么不能打老鼠？老鼠是害物。"他家里挂着幅藏传佛教的财神像，财神手里拿一只土拨鼠。我就装作很严肃的样子："你看看上面那位菩萨手中抓的是什么？"他一看，对着那只老鼠连声说"对不起"。过了没几天，他就新盖一个很大的工厂，抓了很多老鼠放在里面，他每天虔诚地去喂老鼠。为的是什么呢？想发大财呀！

增长正面的力量

人活在世界上主要有三种情绪：一个是正面的，善的；一个是负面的，恶的；一个是中间的，无记，没有感觉，或者叫麻木不仁。有很多人活得麻木不仁，从来不去做善事，也从来不去伤害人。很多时候，我们也是这样。比如早上起来刷牙洗脸，吃早饭，上班，把工作干完，没事的时候喝咖啡、听音乐，这些都叫无记，谈不到善也谈不上恶。其间看看新闻，看那些打打杀杀，当娱乐看看，也没有同情心。对全世界有太多地方受灾受难，也没有太多感觉，觉得这是正常的。甚至有很多糊涂的人把这个当成修行好，说喜怒没有那么严重。而正面的情绪和负面的情绪对我们很有帮助，负面的力量有时候会变成动力。

负面的情绪，比如被人羞辱、被老板开除、说你没能力没福报，我们被刺激了，这种爆发的能量也许让我们有很多新的观念出现，从而有走向成功的可能。但这不是全部，负面的情绪是不快乐的，让人心里难受。贪嗔痴慢疑等对我们来讲就是心灵的毒品，也是最大的敌人。这个人对你不好，你就想方设法跟这个人争。用力量去降服所有我们不喜欢的人，是我们根本不可能做到的。也许今天这个你最不喜欢的人，明天就是对你帮助最大的人；今天是你最大的恩人，也许明天就是你最大的敌人。值得注意的是，大部分时间里，是最亲的人伤害我们最多，与你不相干的人根本没有办法伤害到你。

这个社会上因为受刺激成功的有很多，但这种力量带着嗔恨，思想是畸形的。当别人羞辱我们，我们负面的情绪爆发力量，会让我们去冲去争去斗，最后伤害的不是别人，而是自己。最后我们伤痕累累，表示我们的成功，是花太多的代价换来的。这个有副作用。

至于正面情绪的力量，即爱的力量，爆发力也很强。每个人只要心中有爱，力量就会变得非常强。从妈妈对孩子的爱可以看出这种力量来。这种爱能够延续很久。释迦牟尼佛大慈大悲的爱，就一直延续到现在。不需要战争武力，大家相亲相爱，无论什么民族、地域、语言、能力，只要佛法存在的地方，都是非常祥和的。这是佛法最伟大的地方。

怕因不怕果

喜怒哀乐是我们的情绪，思想会先去想，满足我们就快乐，不满足我们就痛苦。但是，这种满足是很短暂的，跨越过去又会想要更多的东西；这种无止尽的思想就会给我们带来无止尽的烦恼和痛苦。如果没有找到解决方法，人活在这个世界上，哪怕再富有、权力再大，也不会有快乐。这就是释迦牟尼当初放弃王子地位的原因。

现今真正深信因果的人实际上很少，我们大多数时候目光是很短暂和短浅的，看到眼前的得与失比较多。当痛苦来临时我们觉得很难受，但我们不去预防痛苦的到来。

有一句话是说"众生怕果不怕因，菩萨怕因不怕果"，菩萨知道种子会带来什么样的结果。如果你播了一颗罂粟的种子，长出花来虽然好看，结果就是鸦片。所以，一开始菩萨就害怕播这个种子，而我们众生不是。我们一听说罂粟，哦，那么它的花很漂亮，要看它的花；之后从它的果实提炼毒品，有些人觉得吸食毒品很爽，再往后开始痛苦，才发现原来那个种子是不好的，才会反思这个问题。

很多时候，人们不怕造业，不会去计较伤害别人，这是因为人们不知道利害，不知道伤害别人一定会有果报。人们只要是短暂的过程中"得"到了，至于结果怎么样根本无所谓，但是要记住：这个种子一定会成熟的。

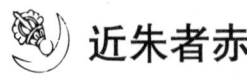 近朱者赤

如果只有今生的播种和收获，那么健康的种子所带来的

应该是健康的果实，但事实却不是这样。很多健康、高智商的人却生下残疾或智障的孩子。父母身上的疾病大都会遗传给小孩，父母没有病也不注定生下的孩子就没有病。富人家的孩子不一定再是富人，穷人家的孩子也不一定再是穷人。这一切清楚地表示，有其他因素会影响人来到这个世界的状态。

人的生命是短暂的，随时随刻都会面临生与死。从另一个角度来看，生死是一个过程的开始与结束，就好像每天早上从沉睡中醒来，前一日的生命已消逝，当天又是一个新生命延续，这也是一种生与死。生和死的发生，可以是极短的时间。比如思考，你从一个两个三个细节一直完整思考到最后，但也许在思考其中一个细节时就中断了。在这些思想的运作中都有短暂的生和死。

一颗种子埋入土里，当它得到土壤、阳光、水分、肥料等滋润，会慢慢成长。从种子入土，长出青苗，到开花结果，实际上是同一株植物随着时间一直在变化。我们的生命也是如此，而变化过程就像蝉蜕一样，或许小时候的长相和老年时完全不一样，但某些特质会延续下来，包括习惯性的思维和动作。而惯性所累积的一切善恶念头和作为，将会变成下一世福报和智慧的源头和种子，从而延续下去。所以，在思想"生"

起时，如何让它成为更有智慧、可以带来更多福报的种子，即如何播种正确的概念，变得很重要。

一个念头生起的刹那，就开始在意识上播种。就像胎教的重要性，胎儿靠意识接收信息，外在言语和母亲的思维都会对胎儿的意识产生影响。所以，很多母亲怀孕时喜欢多听美好正面的声音，不喜欢恶口伤人等负面语言。而孩子出生后，这种正面思想也会持续灌输，从父母到学校老师，以及社会的伦理道德观念，包括宗教上的教育，都是教导其如何建立正确的观念。

人的本质具备善良的一面，但也有因烦恼污染而像魔鬼的一面。人本质上喜欢善，喜欢爱与被爱，喜欢被关怀。虽然说是喜欢，却不代表都做得到，原因在于本具的光明智慧和慈悲会被恶性习气所污染。就是因为贪嗔痴慢疑等无明的污染，我们的心一直在做两种选择，一种是吸收正面的部分，一种是吸收负面的部分。一般我们很习惯负面习气，正面习气却是我们不习惯的，需要不断培养；也因此，我们吸收不好的妄念杂念，比起吸收正面的习气，速度会快很多。

在生命发展的过程中，内在的眼耳鼻舌身意接触外在的色声香味触法，不同的信息让心的习气不断累积增长。在生命持续老化的过程中，有很多起起落落，当负面伤害愈来愈多，我们往外付出的也会是负面的。如同有香味的花朵会吸引漂亮的蝴蝶、蜜蜂，而发臭的腐肉吸引的是臭虫，人心也是如此。所谓"近朱者赤，近墨者黑"，如果一个人学会往正面发展，就能宽容，学会了解别人的心，尊重别人的思维方式及行为。如果来到这个世界时，父母没有信仰，自私，没有包容心，行为举止非常恶劣，那么这个孩子长大后也很可能是这样的人。

去种自己的地

福德和智慧就像人的两只脚，在世间生活要靠这两只脚，要成就也必须要靠这两只脚。没有福德就没有健康的身体、长寿的生命，累积了很多的财富并不一定有享受的机会。

福报是不能由别人给的，要靠自己去播种。一个农业学博士可以教农民怎么种地收成才会好，这是智慧。而每个人要亲自去种自己的地，福报就是这样。

据说佛陀在世时，画佛像的人都不知道佛陀头上的顶髻怎么画。因为你往上走他就往上长，寻常人都看不到佛陀的头上长什么样,请求帝释天从天上往下看佛头,也没有看到。最后有人问佛陀:"为什么没有人可以看到你的头顶?"佛陀说:"我从凡夫俗子开始就尊敬所有的人,把所有人都供在我的头上,没有往下看过人,没有把人踩在下面过。因为有这样的福报,大家看不见我的头顶。"所以,佛陀有看不见的顶髻,人们只能在佛陀头上画几个圈圈,意思是"会往上走的"。

福报资粮是我们自己要播种的。播种并不一定要用财富,我们可以用言语布施,有知识可以用知识布施,有体力可以用体力布施,有财物就财布施,人世间所有一切别人没有而你有的都可以做布施。

从前有个叫周利槃特迦的出家人,今天教他的,第二天早上就忘光,什么都记不住,连舍利弗、目犍连也没有办法教他。大家认为天底下再也找不到这么笨的人了,所以就将他交还给佛陀教诲。佛陀就说:"你们不用教他什么法,给他一把扫帚扫地就好了。"扫到后来,他居然悟出来,原来"扫尘就是扫除罪业"。他一生都在扫地,最后得到了罗汉果位。

卷二 我们都有的疑心病

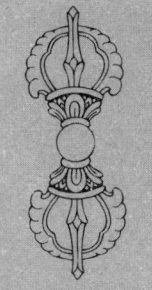

人与人之间越来越冷漠到底是什么原因造成的?我们会把心摊开给别人看吗?人们习惯了戴着面具说谎言,做着连自己都觉得恶心的事情,却告诉自己:"习惯成自然后,这些都是理所应当。"

庸人何自扰

现在人的思想大不如古代人那么单纯,虽然现代人认为自己变得聪明了。我们的思想越来越复杂,杂念越来越多,人就活得很辛苦。正常来讲,很多事情没那么复杂,因为我们所谓的聪明,让它变得复杂了。听到一句话,我们要想很多,"这句话到底是在说什么";看到一件事情,我们也会想很多。想得多做得少,这是我们的毛病。很多时候一件事根本没有发生,也许它本来就不会发生,我们就开始用凡人的这种妄念杂念猜测太多的前因后果,特别地想着它。这让现在很多人到哪儿都是带着苦瓜脸。世间本无事,庸人自扰之啊!到底是不是要活得那么痛苦、那么烦恼、那么忧愁呢?

我们每个人来到这个世上,读书也好,结婚生子也好,创造自己的事业也好,难道不都是为了让自己的生活过得好一点、快乐一点吗？一切是为了快乐而努力的，到最后得来的结果，反而让我们越来越拘束、越来越烦恼、越来越痛苦、情绪越来越复杂，跟周围人相处疑心病越来越重。很多时候我们讲这些问题只是泛泛的，原因是好像道理大家都懂，只是需要真正思考的时候我们都没有深入地思考，因为我们根本就不想思考。

我们看别人很清楚，看自己就不清楚，原因在哪里呢？因为我们所受的教育都是教导向外看别人，研究外在的东西。大学里研究心理学，也是告诉你"别人有这样的动作和语言的时候，你应该猜测他现在在想什么"，而不是告诉你"现在有这些想法的时候，你的心到底是需要什么"，没有这方面的教育。我们一直以自我为主，习惯说"你这里不对，那里不对""这我没有兴趣，那个我很有意愿"等，因此所有的烦恼通常是围绕着自己在打转。

有什么方法可以从我执的牢笼中解脱出来呢？那就要换个角度，常常替别人着想。这种心态最好先从自己的亲人发起，慢慢往外，愈发愈广，愈大愈好，让我们形成习惯，就是发菩提心。我们在发菩提心的当下就会解脱本身的自我，然后度化他人，利益大家。

能发出菩提心是一个大善巧的法门。

有烦没恼

当我们遇到困难挫折时，除了祈祷，就应该坦然面对。

经常有人问："上师，你会有烦恼吗？"

当然会有"烦"，但是没有"恼"，因为没什么好恼的。烦归烦，事情多了肯定烦；但是，因为这样而发火，会变成嗔恨。碰到障碍一定会有"因"，不可能莫名其妙跑出来，这时候更要坚定自己的信心。

很多人碰到一些小困难小挫折就开始怀疑了。比如你生病了，有人在旁边照顾你，你要感恩他才对。如果你对他破口大骂，或者对他生疑，"他照顾我是不是别有用心"，那他很快就会离你远去，受苦受难的还是我们自己。

遇到痛苦挫折，更要坚定自己的信心，这样才能渡过难关。有个台湾弟子移居美国洛杉矶，希望找一个台湾人的房东，有比较可靠的便宜房子住。他真的顺利找到一个这样的，非常高兴。订合同时，房东说："我有个房间储存了些自己的东西，其他房间都租给你。我的那些东西锁着就好了。"他一想，也没有什么不可以的，就同意了。第二天早上，他看到房东从后院小门进出，原来保留的那个房间是房东自己住着。他很生气:"你不是说这里面是放东西吗?怎么现在是人住在里面?"房东说:"我住在里面有什么问题呢?不信你拿合同来,我说过我保留一个房间。"两个人就为了这个事情争吵。他想打官司也没有机会打赢,把他气得不行,最后还是搬走了。一开始觉得自己运气好好的,一下子变得很沮丧。他出去找了个酒店,住了不到三天,又碰到一个台湾人要调回去工作,着急把房子租出去,是个大别墅,还很便宜……所以,有些事情不能看当下发生的情形。

有些时候我们不要看当下这一个小挫折,就认为它是负面的,也许它就是一个成功的来源啊,这就是古人所说的"祸兮,福之所依"。

越聪明,越烦恼

随着人类文明的发展,我们似乎比以前更聪明了,却并没有因为这种聪明而使我们的烦恼减少。我们的学问比以前的人多了,同时烦恼也多得多了!以前的人,交代他一件事情,他只有一个问题，"这件事是该做还是不该做"。我们现在却想"这样做会变成怎样，那样做又会变成怎样，我不做又会变成怎样"，没有答案，每次钻到牛角尖里拔不出来。而我们常常把这样的人叫"聪明人"，以为比以前的人思考得多了。其实不尽然。科技发达了，物质越来越丰富，人类已不是为了生存而活在这个世上，而是变成为了物质欲望，为拥有更多的钱。

随着现代科技愈来愈发达，人们对于什么事都希望快速成就，甚至无须出门就可以在网络上购物，愈来愈不喜欢和其他人接触，愈来愈封闭。本来做人最大的福报是懂得伦理、遵守法律，可以自由地与他人好好相处，但我们现在却愈来愈恐惧。每个人都想方设法取得财富，拼命竞争，担心自己拥有的会被别人夺去。因为这种无法互相信任的猜疑，导致我们凡事都感到心烦。虽然古人说"害人之心不可有，防人之心不可无"，但防人也不应该防到这种程度，心胸愈缩愈小之后，就容不下别人，破坏别人。这就像很多动物为了自己的后代就去残害别的动物的幼崽一样。猜疑心会愈来愈重，大家都不按牌理出牌，于是无法判断这个人可不可以交往。加上信息发达，人们大多利用它去传播是非的消息，导致人人都恐惧。人与人相处时本来就会有很多情绪，今天能容忍，并不代表明天的一切都能容忍；于是，一有什么不满意就开始挑拨是非，有时散播是非又后悔了，然后愈描愈黑。

总之，我们要懂得恰当地运用现代文明，不然就会变成烦恼的更大来源。

我们都有的疑心病

有一种人，别人赞美他，他反而会这样想："你赞美我的动机到底是什么？"这时他心里就是有个恶魔出来了，这个恶魔就是疑心病。我们痛苦的根源，其中一个就是疑心。一件事没有确定，我们总自己想结果，为此我们总是怀疑猜测别人行为与言语的动机。

另一个根源是嫉妒心，其表现就是，经常想"如果我当初这样做，我会不会有""为什么他可以拥有，为什么我不能拥有""他为什么有那么好的学问，我为什么没有""为什么我只会讲课，他会盖房子"。当然，你把时间放在讲课上，他把时间放在修房子上，你怎么可能什么都能做得到？想来想去，他就是不想别人付出的比自己更多。

在这个过程中,我们又会找出很多毛病来。假设我们想做一单生意,最后没做成,就会想:"是不是有人故意不让这件事情做成?到底是谁这样?"猜测很多,怀疑这,怀疑那,最后发现不是自己想的那样。再然后又猜测:"难道那天我签单的日子选得有问题?""难道是我在的办公楼有问题?坐的沙发有问题?""是不是我家的祖坟有问题?"他要连埋在地下的祖宗都找出来,为他现在的不成功负责。所以,通过我们的疑心会无限延伸出来很多东西。

人一辈子做成功的事情很多,做不成功的事情也会很多;不成功时,如果我们持怀疑、妒忌的心,就会不舒服。

可以看到这样的人:他拥有一辆宝马车、一栋房子,也有上百万的存款,一天高高兴兴地约了几个朋友喝咖啡。聊天的过程中,朋友说最近买股票赚了一笔,身家有一千多万了,别墅已经买了两栋,最近准备买跑车了。他的心就开始咯噔了,不舒服,就想:"当初我为什么没有把那一百万拿去做股票,我怎么那么笨!如果去做股票那不是也可以跟人家一样买跑车?"于是闷闷不乐,本来是朋友聚会的好心情就这样荡然无存了,带了一大堆痛苦回来。回到家里就想,得把这一百万投下去买股票；真的买了，第二天涨了，太高兴了；过几天一看，降了，新的痛苦来了，"为什么当时要去买股票，我不买该多好……"

所有这些，一方面是欲望使然，另一方面是妒忌心作祟。妒忌心让人看到"别人有而自己缺"的部分，让人心里不舒服。

我有个法官朋友，他是个很阳光的人，前阵子刚做了个大手术，差点要了命。一次我们一起在一个朋友家里喝咖啡，有个人就说前一阵子肠胃不舒服，昨天又不知道吃什么食物中毒了，又吐了，今天还觉得头痛，"我怎么就那么倒霉，看你们多好，个个都那么健康、那么快乐"……他这些话对我讲还可以成立，而对那个两个月前才从鬼门关回来的法官朋友来说，所谓的头疼脑热根本就不算是什么病。也许现在坐在我们旁边，手上戴着名牌表、穿着名牌服装、开着跑车的人，搞不好他已经欠了银行一大笔债，很快就会变成贫困潦倒的人。

很多时候，人不能比来比去，我们永远有不足的地方。藏族有句俗语："人生何苦！比来比去，比到死呢！"

傲慢与猜疑的可怕

如果在一个国家,邻里街坊彼此很少打招呼,甚至不愿意互相认识,那么"远亲不如近邻"的说法将慢慢被遗忘,或在不远的将来被当成谎言。

如果一个家庭,亲人之间好像陌生人,孩子不愿意和老人沟通,老人不了解孩子的想法,丈夫和妻子都猜忌对方的忠诚,那么听到"温暖的家庭""温馨的亲情",人们将付之一笑。

更不用说,当街上有人摔倒,需要我们帮助的时候,第一个念头不是马上行动,而是"他会赖上我吗""会让我赔钱吗"。人在现实中越来越麻木。

人与人之间越来越冷漠到底是什么原因造成的?我们会把心摊开给别人看吗?人们习惯了戴着面具说谎言,做着连自己都觉得恶心的事情,却告诉自己:"习惯成自然后,这些都是理所应当。"

在人世间,我们有很多身心上的痛苦,最根本的原因就是我们的无明。因为无明,所以无法分辨什么是正确的、什么是不正确的。当傲慢产生后,我们会担心因此引发的行为和言语有没有被赞同、有没有人设障碍,而为了这一部分,疑心病就会产生，时常去猜测别人做的事、讲的话背后动机是什么。大家都缺乏安全感，就会产生保护自己、防卫他人的心态。这种心态，不仅想保护自己，同时还隐藏着一种威胁别人的念头。加上社会上的种种竞争，会让这种防人护己的心态不断膨胀，又习以为常，使得自己无法察觉。于是，人与人相处，演变成需要去互相猜疑，而痛苦就会跟随而来。

很多事情会让我们感到痛苦，是在猜疑下产生的。有猜疑，就需要比较，任何事情都可以作比较。虽然从佛法的观点来看，随喜就可以熄灭这种比较所生的嫉妒之火，但我们又做不到。往往随着疑心而产生强烈的嫉妒，有了嫉妒而生起憎恨心。别人的作为让我们不舒服，我们不会去观察这个对自己有没有帮助，只是随着分别心去接受爱听的语言或避开不爱听的语言，以及决定哪些是可接受的行为。一旦没有理智分析，就会从片面的主观角度，将自己不愿意接纳的部分，想方设法让别人也认同是不好或不对的，于是夸张、强化自己的想法或语言，唯有这样才有人愿意附和你的说法或想法。这种疑心病所引起的念头，往往造成非常严重的伤害。当因果业力真实不虚地成熟在面前时，我们贪嗔痴所做的任何恶业，果报必须由自己去承受。

傲慢的人身上留不住优点

佛经里讲,一个傲慢的人,身上留不住任何优点,因为倒扣的碗你是没办法盛水的,最多将其弄湿。当一个人产生傲慢心,就不会觉得自己有缺点毛病,偶尔装谦虚说自己的缺点毛病,那不是真正的反省。一个傲慢的人是藏不住优点的,他表面很优秀,文化水平高,能力强,各方面都好,但内心的傲慢让他看不清自己的缺点和毛病。傲慢,完全隐藏在我们内心深处,不像嗔恨、贪恋有较明确的地方;傲慢是无处不在的,我们却感觉不到它的存在。

"这是我的身体,这是我的耳朵,这是我的衣服,这是我的朋友,这是我的家人,这是我的房子、我的车子、我的社区、我的村、我的城市",他膨胀起来,连宇宙都可以拥有,虽然他一点都没能拥有,连他自己的躯壳都不能拥有,它是点燃贪恋的源头,自我的傲慢,也叫我执。

这种傲慢我们都有。如色慢,大的就说我们生在哪个比较富有的国家或地区,以及官大官小,当成身上一种装饰品来炫耀,小到脸蛋长得好不好看、身材好不好看。还有财慢。财包括身体的财富,强壮的人会炫耀自己的肌肉,等等。学佛以后，就没有这样的分别心了。像在印度，哪怕穷得叮当响，吃饭都困难了，他还会很高傲地告诉你"我是婆罗门"；哪怕他是腰缠亿贯的富豪，也会为"贱民"的身份无法自适。这几千年来留在他们脑筋里的种族分别理念非常分明。这样的"种族慢"实际上在其他地方也有。我们有时候也会跟人家讲我祖先怎么样怎么样，祖先跟我们离那么久远，我们还在炫耀祖上某某代有某某人在哪里做过什么官，有一点关系，就使劲拉近。

这些傲慢你平常感觉不到的，当慢性产生起来时人是听不进佛法的，所以我们遇到佛菩萨一定要很虔诚去跪拜，双手合掌像一朵纯洁的莲花，表示我们每个人都具备如来佛的本质。那既然他是佛，你是佛，蚂蚁是佛，大象是佛，猪狗都是佛，那你我长得好看的、不好看的都是佛，还有什么好傲慢的！我们都一样，都是含苞待放，为了成佛；只是我们每个人的业力不同，也许有财富多少、文化高低，这都是短暂的。

 面子的虚荣

虚荣心谁都有。

虚荣心大部分不是用眼睛看到的，是由耳朵听的。说这个人有钱、这个人有能力、这个人很有才华，耳朵听到后我们就心有戚戚焉。我们天天赞美伟大的佛陀"你多么的厉害，多么的殊胜"，他实至名归。凡夫俗子如果得了赞美，常常就像孔雀一样，整个尾巴翘起来了。因为我们的傲慢心会产生，而佛陀不会。就像对外国人，你再怎么赞美他，他只会跟你讲"谢谢"，他只是认同你的感觉；那我们中国人，其实心里高兴得不得了，表面还在"没有啦，没有啦"，假装谦虚。这种虚荣心有的时候害死人。

人在许多时候是为了面子在活着，适当的包装当然有需要。俗话说"人心隔肚皮"，各人的想法都不会一样，所以适当的保留就非常重要。你把你的底全盘托出，你怎么知道他现在是想害你还是想帮你呢？人和人的相处要留余地。就像我们每个人都要穿衣服，要给自己一点隐私的空间。不要不懂装懂，不明白要装明白，没有这个能力要装有这个能力，没有这么强壮又要装成强壮。

有个弟子,是出了名的女强人,都说她像个男人,男的女的都把她当哥们儿看。有一次她请我吃饭,坐在我旁边也是那种很高傲的样子,跟我讲话也一直那样。我说:"你这样,我坐在你旁边都显得累。你心里那么苦,为什么装成这样?"就这样一句话,"哇!"她就大哭起来了。吃饭的人都看我们这一桌,很尴尬。很多时候没必要那么当强人,连菩萨都有不足的地方,那我们这些凡夫俗子有缺点有毛病是正常的,为什么还要装得那么辛苦?

有个很有些名气的女法师,带了六七个弟子来见我,聊到中途她叫她弟子们出去,有话要跟我单独说。她说:"嘎玛仁波切,有没有一种法是最殊胜的,可以让我往生后长舍利子?"很多高僧大德一辈子修行修得好,往生后会出舍利子。这个我听过,但没有听过一个法师说专门为长舍利子而修的。我问:"你要长舍利子干什么?"她说:"弟子们都觉得我修得特别好,我现在身体不好,随时可能会走,走了怕没有留下舍利子,这些弟子就退失信心。所以我现在很担心,很紧张。"愿力是好的,她担心并不是说她自己,而是怕别人退失信心。我说:"是不是表示你没有教好你的弟子?为什么你长了舍利子他们就觉得你修得好,你没有舍利子就觉得你修得不好？你现在活着的时候以身作则,带他们修行,这就是对他们最大的加持……"连出家师父都这么要面子。

自己的肩膀本来只能扛一百斤的,死要面子,还扛二百斤,自己先垮掉了。所以面子会害死人。很多人不懂佛法,没有菩提心,比起他们,我们在修行上很好,就是说非常有福报。要面子,我们是要在佛前要面子。

莫要中毒

我们小时候对很多东西还不懂得分别,贪念、嗔恨、傲慢等还只是种子,看不出来后果有多严重。就像是食用受污染的水或食物而中毒,刚开始感觉不到毒性的存在,日积月累,伤害愈来愈重。许多毒物刚开始享用,感觉是舒服的,有快感的,但随着中毒愈来愈深,痛苦愈来愈烈。

一个小朋友,当别人欺负他,他会哭着向长辈投诉。如果是不理智的父母,没有正确道德观念,就会告诉他以牙还牙来反击,而不告诉他正确解决方法。长此以往,小朋友心里就会建立起负面模式的思考。这种情形，容易发生在父母有暴力倾向或口无遮拦的家庭。有个小朋友，才两岁多，刚学会与人完整对话，却特别喜欢讲大人的黄色笑话。我很奇怪，后来才发现，他妈妈就很爱讲这种笑话。小孩无形中接受这种说话方式，却不知道那是不好的。

有些小孩在刚学会走路的年龄就会用暴力解决事情，更严重的，当他发脾气，又无法对别人使用暴力时，会反过来咬自己来发泄。这时，如果父母有慈悲的心，让孩子知道嗔恨是不好的，引导他往正面发展，孩子的习气是可以改变的。知道土里种的是罂粟等毒性的种子，只要不在上面洒水施肥，不予阳光照耀，种子自然就会腐烂，即使能长出芽来也是非常脆弱的。

同样，小朋友的烦恼种子影响力还很小，关键在于不要让它继续生长。父母如果认同他的负面情绪，或者沉默以对，都将是一种鼓励，那么其负面情绪就会慢慢扩张。一个家庭有良好的道德教育，孩子从小就被教育"伤害别人、将别人的物品占为己有、恶口伤人、动手打人等，都是非常不好的作为"，他就懂得去改变自己，因为是非观念已经播种在他的心灵上。现在有很多家庭却是溺爱胜过于教育，而让小朋友失去是非观念。

人生充满了未知数

我们能真切地感受到作为人的快乐和痛苦。

人们生来就有着无法避免的各种痛苦，难得有永恒真正的快乐可言。我们拥有的平安、快乐和幸福，有时很快就会变成痛苦。尤其当灾难来临，摧毁一切，安乐瞬间消失，代之而起的是烦恼与苦痛。

譬如，一向平静的生活突然遇上火灾、风灾、地震等灾难，马上陷入愁云惨雾中；家人生病住院，为了照顾病患，全家人生活变了调；高高兴兴去郊游，遇上大塞车，或是遭遇不幸的车祸；遭逢战乱，原本安定的日子变得恐惧，甚至一无所有；原本是享有权力名望的人，一夕间没落贫贱……生活中有大大小小的许多变化，让人应变不及，备受痛苦。像汶川大地震、玉树地震，多少人瞬间失去生命失去亲人和家园，幸福的生活一下子就毁掉了。

我们常说"祸不单行""屋漏偏逢连阴雨"，也就是"前苦未尽，后苦又来"，一种痛苦还没受完，另外一种痛苦又跟着来了。就像一个家庭里，父亲失业了，母亲又生病，小孩很小，没有钱付房租，连生活都成问题；有人受了伤风感冒，又得了胃肠炎,全身不舒服;或是一个财团,大楼失火了,财务又周转不灵……真是苦上加苦!

有一种很难察觉到的苦,在我们所感受的痛苦还没有明显产生之前,在日常生活的行住坐卧之中,所感受的一切安乐根本上都潜在着造作痛苦之因,所作所为都是产生未来痛苦的根源。衣食住行中所使用享受的一切,都有我们所不知道而造作的恶业,最终都会感受到苦果。所有世俗的快乐,其实是痛苦的表相,这就是我们很难察觉的行苦。

自我捆绑是痛苦的根源

作为人的大悲哀是,自己身上有痛苦和快乐我们感受得到,对别人的快乐和痛苦我们基本上很少去感应,很少去在乎;因为不在乎我们对别人的伤害,只在乎别人对我们的伤害,所以形成一个很坏的习惯,那就是永远都在想"我得到了什么""我失去了什么",从来不会想"我付出了什么""我让别人得到了什么"。我们都在索求,"自私的我"在那儿不停需求；和播种一样，只有割舍你的种子，在外面的世界播种，秋天才会有收成。功德是如此，那罪过还是如此，都是一样的。

对一件快乐的事，我们总重复去想它，就让人感觉这个世界除了快乐就没有其他了。有些事情是痛苦的，你越回忆越痛苦，完全掉入它的漩涡，好像这个世界就只剩下痛苦，它就变成你生活的全部。实际上，我们的生活本身就是喜怒哀乐，所有情绪完全是因为我执在主导，"我认为应该这样，我认为应该那样"。

一个人拥有多少财富，这叫福报；但是，它的存在是为了让你快乐，让你做更多的善事，让你为别人服务，为了让你使这个财富变成对大众有意义的，那就是好事情。反过来，它一直在紧绑着你，亲戚越多，友情越多，财富越来越多，而你的心眼就越来越小，它就变成痛苦的根源。

无常的变化让人所求不得

通常情况下，人的一生都在追求生活的舒适与安乐，追求美味的食物、豪华的房子、高等学历、响亮的名声和丰足的财富等等；在追求的过程中，大多数人都非常辛苦。有的人付出，有所收获；有的人辛苦一辈子却不一定有结果，潦倒一生，很不如意；有的人继承了庞大的财产，却反受其害，成为他人觊觎的对象；有的人想尽办法得到权势，却受人陷害而成阶下囚；有的人一生劳碌，想在老年享受清福，却遭遇经济萧条或战争、疾病，乃至家财散尽、孤苦无依而流落街头。

无常的变化，实在让人所求不得啊！

世界上的人都不喜欢受苦，可各式各样的痛苦常常会降临到我们身上，不得不去接受，不得不去面对。

世间的种种事情，太多是自己不乐意做的，却必须去面对，去接受。

龙钦巴大师说："想要夫妻永久相伴，想要安心住华丽的房子，想要永远拥有暇满的人身，想要永远跟随殊胜的上师闻法，想要永远和良善的朋友相聚，这一切都是不可能的事啊！所有的聚合势必都会分离。"

卷 三

保护我们的方法

万法唯心造,心是身体和语言的主导者,它掌控我们一切的行动,所以我们要多观察自己的心,少观察别人的言语和动作。我们每个人的心中都藏匿着危害最严重的偷盗者和抢劫者,那就是自己的无知。

被锯掉的脚还在痛

有个我认识的人,他的右腿痛得不得了,医生诊断说,有癌变的迹象,如果不截肢,可能会扩散到全身。医生也没有跟他本人商量,就直接和他家人商量,在家人同意后紧急做手术,就把他受感染的右腿整个拿掉了。手术结束,因为打麻醉,他还不知道病腿已经不在了。第二天早上他又在病床上大喊大叫,说腿痛,而且还不是别的地方痛,是膝盖以下的地方痛,就叫他妻子赶紧帮他按住脚,按摩一下。因为左脚是好好的,妻子就给他按摩左脚,他说"按错了,我叫你按右脚的",他妻子这才说:"你的右脚被医生拿掉了,不存在了。""可我怎么感觉那么痛?"他低头一看,右脚没了,哦,安全了,突然就不觉得痛了。

这就是我执。

人跟人之间是这样：认识之前，你病了，你被车撞，我都没什么切身感觉；认识以后，如果你再遭遇这些，我们会痛到心里去。这个就是我执的能量，千万别小看。

有间房屋要出售，你常常从旁边路过，常看到有人在门口泼油漆，敲敲打打，你不会有感觉，因为那是别人的房子；后来你准备买房子，觉得这房子不错，正考虑要不要买下来，有人再泼油漆再来搞破坏，你就会生起嗔恨心，不舍的心也产生了；当你确定要拥有这间房子，那就更不得了了，有人再这样做，你铁定火冒三丈。从这情绪转变的过程中我们会发觉：无论之前，还是后来将要拥有，其实你都还没有拥有它，而你的执著已经在渐渐增长；接着，你喜欢上这个有可能是你的所有物，其实是把外在物体融到自己的主观意识上。当你付过订金，如果别人再来弄脏弄坏这房子，你会感觉要剥你的皮一样难受。这是一个我执的反应。这种痛苦不是真的用刀在身上割，自己会有感觉。

对所有的众生被刮伤而痛到心灵的这种感觉，就是大慈大悲。

在乎者多伤害

一直以来,我们的主观意识都太强了,所以有一个"我"一直存在于我们身上。当别人讲了不好听的话,或是没有赞叹的声音,那个"我"就会跑出来,产生各种情绪,非常强烈地表示它的存在。

没有名字,我们指着胸前,认为这个身体就是自己;父母帮我们取了一个名字,不管有没有同名同姓,我们都会把它当成是"我"——在任何场所,只要有人提到这个名字,我们就会把它当成和肉体有所关联而作出反应。当你产生了一个强烈执著自我的主观意识,就会认为"这是我的心脏,这是我的肝脏,这是我的手、我的脚",这样的执著会慢慢往外扩大到衣服、桌椅、房子、车子,再扩大到"我住的社区""我住的城市""我住的国家"……把一个物体当成自己的所有物来看待。如果我们不执著它,不会觉得舍不得;一旦执著,就会感到不舍,因而产生种种的情绪和烦恼。

当我们的心胸是狭隘的,生活中的伤害特别多。特别是居住在都市的,左看右看,不是高楼大厦就是人群,实在没有足够的空间让我们舒展心胸。伤害来自哪里呢?有时候是别人对我们情绪上挑战，有时候是别人不讲我们喜欢听的言语。长久以来，不满的情绪会囤积，因而常常会有"这个人讲我的坏话""这个人从来不赞美我""我做了很多，可这个人从来不会感恩"等想法，无形当中，心的空间就愈来愈小，就是自私的"我"啊！

一旦这个自私的"我"做了心灵的主导，再通过眼睛、耳朵、鼻子、舌头、身体接触外境，所得到的大多数会是负面的感受；也就是因为自私的缘故，别人的所作所为大部分会对我们造成伤害。寂天大师形容得很贴切："在乎者多伤害。"如果你对点点滴滴都很在意，很计较，老是觉得这个不行、那个不对，渐渐你会发现你受到的伤害特别多，因为每个人所讲的话、所做的事好像都是针对你。

就因为我们很少有能力反省自己，所以"执著我"的这个概念就变成了恐怖的巨人，总认为自己是最大的，其他人是矮小的、好像随时可能自己踩翻似的。当我执膨胀到极点，人会非常贪婪，非常极端，非常情绪化……

拥有慈悲心，有什么好处？就是能减少伤害，过得快乐一点。

 借刀伤己

我常常在想：人为什么喜欢用自己的力量来伤害自己？

甲乙二人吵架，完后各分东西，甚至甲离开此地到了另一个国家。突然间，乙看到前面有个人长得酷似甲，走过这个人的身旁时，莫名的嗔恨心油然而生，怒火狂烧。然而，回过头看，发觉认错了人，当下的刹那，怒火消失得无影无踪，气愤的情绪好像并没有产生过。

从这个常常发生的事上我们可以体会到：人的思维本来就没有实体存在，可是情绪一直鼓动它而产生强烈的嗔心，使我们误认为这些思维、情绪都有个实体。吵完架，别人骂也骂了，讲也讲了，事情就已经结束了；可回到房间，自己却又将脑海中的影像"倒带"，重新回到当时的情境，回忆对方刚才骂人的语言、表情和动作……如此一来，等于用同样的方式重复伤害自己，不平之火又开始燃烧了。过了一会儿，又猜测他是因为什么动机而这样骂自己，产生许多假想敌，摧残着自心。到最后，怒火中烧，便想办法复仇来发泄怒气怨恨。这种用回忆伤害自己，是人非常大的矛盾，非常不好。

以上的发展过程，前面百分之五的伤害是来自他人，而延

续的百分之九十五则是自己帮他人来伤害自己。我们常讲"借刀杀人"，现在则是借人家的言词或行为来自伤，却又说一切都是别人害的。

由此看来，我们岂非成了最无赖的人？假设这类事情可以循法律途径来诉讼，那我们一定是输家。因为大部分的伤害是缘于自己，可我们却"诬告"别人。

所以，没有清楚地观察内在，就无法自我反省修正，尾随而至的将是痛苦，当然不会得到快乐美好的幸福人生。

保护我们的方法

我们受的教育是让我们利益众生，大慈大悲；实际上是在告诉你，"你要对自己好一点啊"。

你不想别人骂你，你就不要骂别人；你不想让别人讲你的是非，你就先管好自己的嘴，不要讲是非；你不想让别人骗你，你就不要贪。

常常有人给我打电话，说："我又被骗了！"其实，不是你的亲朋好友、冤亲债主骗你，大部分是因为你的贪念作祟。人家告诉你"你把钱投过来，有高利润给你"，那你心就动了，很快你的钱没了。

贪念是我们最大的苦难的来源。而这个苦难的来源，是从我们内心产生的，不是由别人。所以"你不要贪"的意思是：当你情况好过的时候，有多余的就去帮助别人，不要求回馈，你就努力去做；当你能力没那么大的时候，你就要保护好自己。

"诸恶莫作"实际上是保护我们的方法。表面听起来，哎呦，这么高尚的情操，这么伟大的思想，我们做不到，只有那些修行者或高尚人士做得到，我们目前管好自己就行了，我们自己过好就行了。问题是，你想过好就要对别人好一点；如果你对自己家人都不好，你的家人干吗要对你好。你每天发牢骚说和家人关系不好，那你有没有好好检讨一下你对他们好不好。你对人家好，反过来人家对你好。遇到婆媳关系紧张的问题，媳妇总觉得婆婆对自己不好。如果我们做好自己，对婆婆的态度很好，笑脸相迎，"伸手不打笑脸人"，她也不好意思再"作对"了。很多人学佛之后对自己的家人越来越好，儿子对父母孝顺了，婆婆对儿媳好了，这个家就变得非常和乐了。

有个北方老太太，家境不错，她是家里的权威。可她管不住女儿。她讲什么女儿都对着来的，女儿对妈妈特别不客气，妈妈讲一句她马上顶十句，她对女儿没辙。她能管得住儿子，儿子比较听话。儿子长大后，找了个对象，是个虔诚的佛教徒。老太太自己不信佛，听说未来的儿媳妇信佛，就百般干涉，告诉儿子，不能娶一个信佛的儿媳妇。但没办法，两人相爱，最终结了婚。

后来有一天，老太太没事，就在儿媳妇房间翻书看，翻到《与心对话》，里面说要孝敬老人，她觉得不错，就把那页折起来。回头她就和儿媳妇讲："佛教里也有些东西不错。"儿媳妇就问："妈妈，你什么时候开始讲这种话了？"她就说："我觉得每个宗教的存在都有存在的道理。"接着又问："你那个藏族师父什么时候来啊？""不知道什么时候来。好像听说最近在北京。""你能不能把你妹妹带去给他看一看？""妈妈，你不是一点都不信吗？我要带妹妹去看什么啊？""你带她去看看吧，最好还教育教育她。""妈妈，你自己教育吧，我师父一般不做这种事。""你还是带她去看看，不管效果怎么样，带她去一趟。"

后来，那个弟子就带着她小姑子到北京来，我就讲经说法给她听。实际上她是个很有学问的女孩子,很有想法,就觉得妈妈比较顽固。跟她讲过佛法后就好很多,她真的想通了,以后就皈依了。她皈依后变化就很大,对妈妈也客气了。有次我到那个城市,老太太听说后就说:"去说一说,我得请他吃顿饭。"家里人很惊讶:以前那么排斥,现在怎么请吃饭了。家里人很紧张,不知道她会和我说什么,会不会说些没礼貌的话。那个弟子就打电话给我:"师父,我婆婆想请您吃饭,您能不能来啊?"我说:"没问题啊!"

我们先到了吃饭的地方,她还没到,她家女儿、儿子、儿媳妇都到了。我就听到声音了,上楼梯时鞋子"哐当哐当"的,绝对是女强人的脚步声。门一开就进来了,很精神的一个人,然后坐下来,就表现得对佛法很有兴趣了。她说:"以前不了解,原来佛法这么好啊!……我教女儿一辈子都没教好,你怎么一天就教好了!"我说:"不是我教好她的,是她学佛学好的。"

所以,这就是伟大的佛法,能调人心。

我们寺庙的东西都是各地信徒捐献来的。大家到那儿以后,有钱的你花再多钱也没人管你,但是,你几百亿身价的富豪也是跟大家一样吃住,挤房间打地铺。无论你官有多大、名气有多大，到那里全不存在了，你就是一个普通人。财产是大家共有的，不仅仅是我们这一代的，连着下一代的孩子，也是他们的。多少年以后，每个人都看到自己囤积的财富享受不尽的。所有的这一切都是完美的境界。这里面有一样，思想永远是崇高的、完美的，我们每个人都尽量让自己变得更完美。

如果你信因果，你就会担心，前面造了这个因，后面就会这样的报应，就会约束自己，就不会有那么多人做贪赃枉法的事了。因果并不遥远，也不复杂。你不触犯法律，自然就不会受法律制裁；不作恶，自然就不会受恶报。所以，保护我们自己最好的办法就是不做坏事。

假伏藏师的故事

听人讲过一个假伏藏师的故事。这个假伏藏师到处给人传法、灌顶，招摇撞骗，收了不少弟子。一次他带弟子到海南，说是要到海里去挖取龙王爷的伏藏。到海边找了个人较少的地方，然后他当着弟子们的面就下海了，弟子们就在岸边持咒念经。他下去后很久都没出来,弟子们都赞叹不已;时间一点点过去,他还是没有出来,弟子们就紧张了,于是报警。警察赶来,安排潜水员去找,发现他下水的地方很浅,但稍往前一点有个坑洞,假伏藏师想多往里走一些,又不熟悉水性,就直接掉里面了。抬上岸,给他整理遗体,发现他腿上绑了一个莲师像,藏在法衣下面,原来他是想这样"伏藏"出来。这样骗人,自食其果,把命也给搭进去了。

龙树菩萨之舍生

龙树菩萨是一位伟大的成就者,他有个好朋友叫乐行国王。两人是同年同月同日生,是同一条命所转生的两个化身,所以他们最后会一起往生,两人的寿命一样长。

传说龙树菩萨已经成就了寿命自在,活到了九百多岁,所以乐行国王也就一直不死。因为国王一直在位,所以,九百年来王子们相继去世,没有机会继承王位。

后来,有位王子很想登上王位。有一天,他的母亲(王后）亲手做了件非常漂亮的五彩锦缎彩衣给他，他一看，非常欢喜，就说："等我登上王位，再穿上这套衣服吧！"可王后说："你以前有很多的哥哥都往生了，你根本就没有登上王位的机会。"他觉得很奇怪："父王年纪那么大了，总有一天会驾崩，轮到我当国王呀？"王后说："你父王和龙树大师是同一条命，而龙树大师已经成就寿命自在，是不会圆寂的。你不要期待你的父王会往生。"王子听后很难过，不知道该怎么办，就问："我应该用什么方法才能得到王位呢？"王后说："龙树大师是位大菩萨，很慈悲的，只要有人有所求，一定会布施。你去试试看，请求龙树大师布施他的头。除此之外，没有其他的办法了。"

于是，王子前去请求龙树菩萨布施头给他。当他向龙树菩萨提出请求后，龙树菩萨很坦然地说："可以啊！你自己拿刀来砍啊！"王子就叫人拿刀砍，可砍来砍去，都砍不断龙树菩萨的头；那刀砍在龙树菩萨的脖颈上，就像在虚空中晃来晃去。王子精疲力竭，毫无办法。

最后，龙树菩萨慈悲地告诉他："我在五百年前就完全清净了用兵器砍杀的异熟果报，所以用任何兵器都无法砍我的头。如果你真的想要我的头，你最好去找一根吉祥草来。"

原来，以前在出家众结夏安居的时候，龙树菩萨是专门管戒律的掌堂师。为了表示结夏的道场已经清净了，没有任何的障碍，地上有铺吉祥草的习惯，所以他到外面去找吉祥草来铺，让大家可以安心在道场修行。他去采割吉祥草，不小心杀了一只小虫子。虽然是无心之过，但也造了杀业。在他修行成就的过程中，所有的罪业都已经被忏悔清净了，只剩下这个恶业没有被忏悔清净。所以，他说："我只剩下杀害这只小虫的异熟果报还没有清净，只有用吉祥草才可以取下我的头，拿我的性命。"

于是，王子就取了根吉祥草，轻轻切下了龙树菩萨的头。当下，乐行国王就和龙树菩萨一起往生了。

像龙树菩萨这么不可思议的大成就者，还要承受这一点点的异熟果报，何况轮回在六道的我们，天天都在造恶业而不自知，不知何时才能从轮回中解脱！

为什么要忏悔

无常不是只往坏的方向变化,我们也不必因为人生无常而沮丧。任何事情的成功都是先从一个愿望和一种发心开始的,先想才能做。

许多人聪明善辩、博学多闻、勇敢能干,当福报将尽时,做事常常遇到障碍,思维颠倒,受人侮辱轻视,最后一无所有。也有些人,没有什么学识,见识狭窄短浅,可因为积善福报成熟,财富增加,渐渐受人重视,成为人人尊敬的对象。有些人上半生积极追求佛法,下半生拼命累积财富;有的人上半生是持戒清净的法师,下半生却子孙满堂。有人上半生造恶业,下半生专修正法而成就,像密勒日巴尊者的一生就是这样。原本是作恶多端的人,一念向善,"放下屠刀,立地成佛",也会成为大成就者。密勒日巴尊者出生在西藏阿里贡塘地区。幼年时,因为父亲的遗产被伯父强占,他和母亲、妹妹过着饥寒困苦的日子。因此,他长大后便发誓学咒术和放冰雹来报复。他学成以后,用咒术杀死了伯父家三十五口人,引起当地人的愤怒;接着他又连续放冰雹,来惩罚家乡的人。因为杀了太多人,后来他心生悔意,想学习正法。他勤奋学习,专心苦修，最后成为了大成就者。

人的生命很短暂，不要认为自己还年轻，还有足够的时间。自古以来有个说法："棺材中躺的不一定是老人；只有生是有前后顺序，死是没有前后顺序的。"生命是很珍贵的，每一天都是在不知不觉中流逝。在生命即将结束时，当我们回过头反省一下自己，如果发现自己双手空空、心里也空空，那可真是非常悲哀的一件事。

莲花生大师说："对佛法的见解如天高，对因果的取舍就要如面粉一样细微。"种下什么因便会成熟什么果，所谓"造如是因，受如是果"。佛经说："因果不会成熟在石头上，不会成熟在土地上，只会成熟在造业者的身心上。"因果不虚，任何人都要对自己做的事情负起责任。即使你在情绪上不愿意承担任何痛苦结果的责任，但事实是，只要你的心灵、身体或言语造作了业因，它们不会在空中消失或成熟在其他地方，最终只会成熟在你的身心上。

我们从红尘中的杂念、世间的妄念中，带着满身的污垢业染来到佛堂，是为了净化自己的，而不是来增加罪业的。就像进了澡堂，没有把身体洗干净，反而把别人一大堆的污垢沾在自己身上，世间上谁都不会去做这种事。这些都非常需要谨慎的。

作为凡夫俗子，我们很难没有情绪上的分别心，一定要学会忏悔。作为一个佛教徒，每天要好好反省一下，回想当天从早上醒来到晚上睡觉前自己到底造了多少身体的业力、多少语言的业力、多少心念的业力。业力不管大小，时间一到，一定会成熟在我们身心。这时候你独自一人，没有人知道你现在心里所想的是对或错，也没有人会对你的过错追究责任，所以你也不用为了面子、当下还要用谎言来欺骗自己，这时的我们是可以坦白的。然后，观想所有的诸佛菩萨就坐在自己头顶的前面虚空中。要发自内心深信，自己任何的起心动念都逃脱不掉诸佛菩萨智慧的法眼，就像眼睛看玻璃后面的事物一样清清楚楚。这时对着佛菩萨坦诚地忏悔，不遮掩，不隐瞒，能真心忏悔，业力是可以净化的。业力净化后，它反而变成一种功德。

用正知正念改过

万法唯心造，心是身体和语言的主导者，它掌控我们一切的行动，所以我们要多观察自己的心，少观察别人的言语和动作。我们每个人的心中都藏匿着危害最严重的偷盗者和抢劫者，那就是自己的无知。它经常让我们自以为是，认为自己的想法、言说、行为都是正确的，这种自以为是的习气累积，让自我变得越来越傲慢自负，受外境影响特大，容易受操纵，容易被别人的赞美而满足以及被别人的否定而恼怒。

很多人常常会批评别人说："那个人没有正知正念。"当我们用这样的语言去批评别人时，其实自己并不具备正知正念。

简单地说，正知就是时刻观察自己的身口意，清楚自己在想什么，动机、念头是什么，语言、行为是什么。而正念就是缘着善念，取善舍恶，也就是将念头系绑在善的念头上，善行就去做，恶行就断除。正知、正念，就像两个保镖保护我们的心，不让它去造恶而受苦，让它保持在善念上而得到快乐。

我们的心好比野马，正念就像将马儿绑在柱子上的绳索，将心牢牢绑在善法上；而正知就像看管马儿的警卫，只要马儿（我们的心）想溜走或做坏事，就能立即观察到，就用正念再绑回正法上。反之，如果一直用正念将心维系在善法上，那么心会清楚地观察自己的身语意，就不会四处散乱、造恶。即使博闻多学，曾经学过广大深奥的佛法知识，或是曾经精进修行，都会因为没有用正知正念守护自己的身口意，而仍然犯下罪业。

有一位噶当派大师在山上修行，一旦生起不好的念头就会在随身的袋子中放一颗黑石子，而当生起善的念头时就放颗白石子。刚开始时，他发现一天当中，白石子没有多少颗。连长期在僻静的山上闭关修行的大师都有很多杂念、妄念，那么，凡夫俗子处在充满杂念污染的红尘中，一日之中会有多少念头是真正的善念？是慈悲的念头、为众生付出的念头、带着智慧的念头？这种念头生起的机会是少之又少。而造恶业的机会是数不清的，只是因为我们不去观察，没有感觉罢了。这就是为什么我们强调要有"正知正念"。

从前，吉基国王做了一个梦，梦见有个出家人捧着一匹非常漂亮的丝绸，突然间出现一群出家人来抢夺。每个人抓到一个角，用力一扯，就把丝绸撕裂成十八份。奇怪的是，每个人手上拿到的竟然和原来的丝绸一样大小。国王醒来后，百思不得其解，就去请示佛陀。

佛陀就说："我涅槃后，我的弟子会立即分成十八个教派。为什么呢？这是因为大家对见解和修行的看法不一样。当意见不一样，就会分裂。这不是说佛法有瑕疵，各个所得到的还是完整的佛法。佛法本身很完美，拿到其中一块，就是完整的一块。分成十八块，是为了吸引不同的众生而分的。"所以就有了十八个传承系统。

藏传佛教宁玛巴的出家制度就是传承自印度十八部中的一切有部,从印度传到藏区,直到现在。一切有部与大众部有些不同之处,其中之一是:在一切有部的系统中一辈子只能出家一次,出家后如果还俗,就没机会再出家了,就像一个陶碗被打破了,无法再恢复。但其他宗派就不一样,在泰国、缅甸有短期出家制度,可以只出家两个星期,可以来来去去好多次。所以,虽然传承不一样,也有一些差别,但同样是佛法。

可是,在家人就不是这样了。当大家的意见和行为有所不同,都会坚持自己是正确的;而当有缺点或错误时,却尽量将责任推卸给别人。这也无可奈何,因为大家生活在一个红尘纷扰的环境,从小就养成相互推卸的习惯和态度。

佛法教育可以增长我们的智慧,但也有可能因为我们世俗的聪明巧智,让红尘中的杂念、邪念不断增长。果真如此,就会变成懂得越多佛法,就越容易将这些宝贵的良药当成观察别人缺点的利器。

为什么会这样?因为我们的眼耳鼻舌身习惯往外探索,这样才能有各种不同的感官觉受;也因此,很少有人会用心去观察自己的内心世界,以致自己的缺点越来愈多,即使多到将优点都掩盖我们还是不自觉,眼中所见尽是别人的缺点。红尘中的我们本来就活在充满是非的环境中,从小被培养的过程中,没有人真正教导我们观察自己的内心,教导我们将善良慈悲智慧的那一面开发健全人格道德观。

所以,我们要将检视的方向反转过来,反省自己的内心深处,让所学到的佛法成为改善自己缺点的工具。

难陀的出离

佛陀在《念住经》上说:"地狱的众生感受地狱炙热和冰冻之苦,饿鬼们感受饥饿和干渴之苦,傍生道的众生感受互相吞食和被劳役之苦,人道众生感受短命之苦,阿修罗们感受争斗之苦,天人感受放逸散乱之苦。轮回就像是处在针的尖端上,永远没有安乐的时候。"

从前,世尊有个弟弟叫难陀,因为贪恋美丽的妻子,不愿意出家。有一次,世尊以神通力把他带到雪山上,指着一只瞎了眼睛的母猿猴,问难陀:"这只母猿猴和你的妻子相比,谁比较美丽？"难陀说："猿猴比不上我妻子的万分之一啊！"于是，世尊又带他到天界。难陀在天界看到华丽的宫殿，许多美丽的天女们过来将他围绕，让他享受无与伦比的快乐。可这里缺少一位天子，他觉得奇怪，天女告诉他："这是世尊的弟弟难陀的无量宫殿，因为他持守戒律，以后会从人间转生到天界这里。"难陀听了很高兴。回到人间后，世尊问他："你的妻子和天女比起来，谁比较美丽呢？"难陀说："和天女比起来，我的妻子就像雪山上瞎了眼的母猿猴一样。"于是，他决定为往生天界而出家持守戒律。

由于难陀没有发出真正的出离心，所以世尊对其他比丘说："难陀是为了去天界享用福报而出家守戒，你们是为了究竟解脱而出家的，所以你们暂时不要和难陀讲话，也不要和他坐在一起。"于是，所有的比丘都照着佛陀的话做。难陀遇到这种情形，非常难过，不知道为什么比丘们都离他远远的；于是去问阿难尊者，才知道这是佛陀交代的。

在他非常伤心的时候，世尊又用神通力让难陀见到地狱的景象。难陀看到地狱有熊熊的火焰，上面架着一只铁锅，锅里面是空的，觉得奇怪，就问旁边的狱卒："为什么锅里面是空的呢？"狱卒说："世尊的弟弟难陀因为想要得到天界的享乐才持守戒律，一旦他从天界享尽福报，就会转生到这里，这只锅就是为他准备的。"难陀一听，终于明白天界善趣也不是永恒的，终究会堕入恶趣，从此真正生起了出离心，后来护持根门最为严谨。

《六道轮回图》中描述地狱、饿鬼道种种恐怖的景象，让人看了就害怕，何况是真的堕入里面去受苦呢？我们今生的一切所作所为，都会成为现在和未来是否能解脱之因。如果不能舍弃今生的执著，就不可能进入真实的菩提正道；对于自己爱恋的亲友、珍藏的财富、喜好的饮食和种种娱乐都应该尽量放下，生活随遇而安，少欲知足，好好修持。

能治病的佛陀

佛陀一辈子不停歇地在讲经说法，传了八万四千个不同的法门。为什么须要如此用心良苦呢？传授一个法门不就足够了吗？难道不是"修一法即可修成千百万法，修千百万法难修成一法"，或者说"修一佛就够了，因为诸佛的本质是一样的"？因为佛陀是遍知一切的大智慧者，每个众生心里想什么，佛陀都知道。为了众生的不同需求，佛陀传下不同的法门。你适合这样的修行方法，他适合那样的修行方式，不同的心态会有不同的需求，但无论是什么样的人，佛法都有对治的方式。虽然众生有不同的习气，但佛法都可以调伏；只要你愿意学，那么佛法一定有办法对治我们的烦恼痛苦。

我们要知道，自己种的果子自己吃，自己造的业自己担啊！无论是谁，有再大的慈悲、再大的智慧，也不代表他就可以代替你受这个业力啊！我跟你很好，我也很疼你，但是你生病的时候我只能在身边照顾你、呵护你，没办法代替你生病。所以，这个概念一定要清楚：我们不管怎么有信仰，怎样受到保佑，那是像医生，当我们生病的时候可以帮我们治疗；周边的亲朋好友可以帮助我们，我们跌倒时可以扶我们起来，但他不会代替你走路，更不可能代替你生病，那么生病还是要自己吃药，跌倒了还是自己爬起来。我们修行的最大功能，我们受到的加持，就好比我们生病了，知道哪里有医生可以治，他可以帮助我们，扶持我们，但前提是你得信。

我们一定要知道哪里有人是可以帮我的，可以打电话跟他求救。那么，我们要经常记得和谁保持联系，在我们需要时就可以方便找到他，不要说哪天我们想起来的时候，知道他有这个能力，却不知道他在哪儿。如果平常我们心中没有牢牢记住这点，当我们有需求的时候，即使有这样感应力存在，我们也没办法接收；就像你知道这个长辈对你很好，但你从不跟他联系，他想帮你也不知道你在哪儿。佛陀就像一个可以给我们治病的医生，他知道我们在哪儿，如果我们平时很少惦记他，很少跟他联系，一旦有事，我们就接收不到他的加持力。

所以，平常的虔诚心就非常重要。

卷四

尊重生命

每个人来到这个世界上,生命都是很短暂的,彼此之间都是过路客,随时随刻大家都要各奔东西的。在这短暂的时间里,要能够彼此珍惜缘分。这个世界上没有一个生命是因为你的强大力量而可以随意去杀害的。

从让人崩溃的科学实验说起

有个弟子,是美籍华人,专门研究克隆学,想对治癌症。他每天做实验,把癌细胞里的病毒抽出来,刺入正常细胞里。后来有一天,他说:"师父,我快崩溃了……我发现,一群正常的细胞放在那儿,大家在旁边商量说第二天拿什么样的病毒射入它们的身体,本来连在一起的一群细胞,第二天全部散开了,躲角落里……后来再观察,发现把病毒放入正常的细胞之后会有痛苦挣扎,放大看,和一个病人活生生在面前挣扎一样。每个生命的痛苦度实际上是一样的……"当然,我还是鼓励他:一个人的生命毕竟还是最重要的,一个人的身体里面养着几十亿,甚至上百亿的其他生命体,他们要通过实验找到治疗癌症的办法,能够让一个人生存下来,那功德会更大。

我看过一本世界地理杂志,上面有张一滴水的放大照片,放大了十五倍，里面显现了很多的生物。人也是如此。人的身体就像一个小宇宙，身体的每一个小部分里生活着很多其他生命体，"你"只不过是这些生命体的国王，因为你福报大，掌握着这个身体。所以说，生命是一样的，再微小，它也是生命。你不尊重别的生命，他们一样会不尊重你。许多流行病是因为不尊重动物带来的结果。

很多人爱吃肉，戒不了，那佛陀告诉我们，要吃三净肉：第一，眼不见杀，即没有亲眼看见动物临死的凄惨景象；第二，耳不闻杀，即没有听见它惨叫的声音；第三，不为己所杀，即不是为了自己想吃才杀的。既然你戒不掉吃肉，那你就尽量约束自己去吃三净肉。

为了生存而吃东西是所有动物本能，人也应该是作为一个动物而生存；但我们现在超越了，常常不是为了为生存而去吃，而是为了我们的贪婪，为了我们的喜好，甚至于为了我们的傲慢。贪嗔痴嫉妒傲慢都可以成为我们伤害别的生命的因缘，会造成我们身心当中没完没了的煎熬。别小看一件事情带给你的痛苦。

 不只是人类的平等

人最重要的是先了解自己的内心世界,我们喜欢的、想要的,别人也会喜欢、也想要。

有人拿刀架到你的脖子上,你会痛苦难受;那么杀鱼宰羊也是一样的道理。了解这个,我们就容易理解众生平等。无论是大象这样的大型动物,还是小到蚂蚁、蟑螂、蚊子,乃至我们手上的、桌子上的细菌,都是共通的,都有生命和灵性。人要完全不杀生来生存是很难的,毕竟这是我们的生存环境,烧一杯水就要杀死很多细菌;但不杀生是我们敬仰的一个基础思想,这个思想有着最大的力量,延续了两千五百多年。

为什么提倡说生命平等不只是人类的平等,而是众生平等?就是说,只要生命是有灵魂的,那么他对快乐的需求度实际都一样的,对痛苦的拒绝度也都一样,从这一点说众生平等。

生命是平等的,并不代表说福报一定一样;他有豪宅,你就一定要有个豪宅,他有个好车,你一定要有个好车,他有健康的身体,你应该要有健康的身体,他妻儿成群,你就应该要这样,不是这个概念。我们讲的众生平等,是说在心灵层次的

快乐接受度和痛苦的排斥度是一样的。这一点，无论不同的民族、不同的生物，我们都不能因为听不懂他们的语言，就觉得他们没有痛苦。

在古代，王公贵族死了会让很多人殉葬，就觉得这是他们的荣耀。有些民族，不懂别的民族语言，就傲慢地把对方当成下等人用。在早期的欧洲，非洲来的黑人被当牛马一样使用、买卖。现在终于翻身了，种族歧视少了，黑人也是很优秀的，并不比别人差。

我为什么这样讲？因为我们经常会听到："鱼，生来不就是给人吃的吗？牛羊不是生来就是给人吃的吗？"因为我们听不懂它们在痛苦呻吟时的语言，就当成是它们是没有痛苦的，也就不在乎它们，所以对于其他生物我们就常常不尊重。

一旦不在乎，实际上我们就犯了一个最大的错误，就是不尊重生命了，从不尊重很细小的生物直到不尊重大的生物，到最后不尊重人类自身。这个世界上的战争，很多都是为了掠夺吃的喝的、石油矿产等资源，无论语言和信仰，将对方杀掉。

我们要懂得，生命是一样的，是平等的。

一个亿万富豪的遭遇

对动物的不尊重，会延伸出对生命的不尊重，逐渐发展到人身上来了。在发达的都市里，人和人之间相互竞争，对人的生命基本处于不尊重的状态；老板不尊重员工，员工不尊重老板，大家生活中只有金钱关系。现在的家庭，本来和睦相处，为了小小的财产分割，很快从亲人变成仇人。

我有个弟子，算是国内很富的那种人。他老父亲去世后估计每个兄弟可以分到十几个亿，但他是老大，就把财富囤积在自己身上，只给了其他几个兄弟较少的钱财。几个兄弟靠这点小钱后来也发财了，然后买凶要杀他。他只能东躲西藏，身价超过百亿也没有用，像个贼一样。他现在说："我愿意把家产分给你们。"那几个兄弟说："不要。我们只要你的命，不要你的钱；我们需要的时候你为什么不给，我们现在不需要了，你给我们也没有用。不杀你，我们也会打断你一条腿……"所以他现在常常到午夜才出门，偷偷摸摸的。这样的富豪实在是当得没意思，一出门旁边要有一堆人左看右看，生怕有人会伤害他。有一次在外面吃饭，他被人用酒瓶砸得头破血流，报警后抓了几个人，那几个人说"我们也不知道他是谁，喝醉了看他不顺眼才打他的"。后来才知道是他弟弟花钱雇的人。

　　如果我们没有学会对生命的尊重，金钱会让我们的人性变得越来越恶劣，无论亲情友情，全部反目成仇。如果我们懂得尊重生命，就像刚刚讲到的这个人，一开始他就把该给的给兄弟，就不会有现在的这个状况。他当时就是觉得有上百亿的资金可以用，分开他就没有这么多，不如不分，由此播种下仇恨的种子。现在挣的钱是越来越多了，人却是连见光都不行了。这是很悲哀的一件事。

　　要学会尊重生命，你尊重生命，他也尊重生命。一个人来到这个世界上，亲情友情是几百世累积下来的福报所形成的缘分，而金钱随时可能会有；只看钱，生命就越来越没有价值。

由放生得到的……

　　我们提倡放生。放生是为了培养慈悲心，学会尊重生命，给自己累积福报。

　　虽然我们放生有时会被批评，认为放了这批也会有下一批被杀，后一批的生命被杀害是放生造成的；但是，这和医生救人是一样的道理，即使是作恶多端的要犯，医生也要救，医生只考虑要怎么治病救人。也许医生花了很长时间救人，也花了很多医药费，而这个人出院后可能马上死掉，但不能因为病人最终会死就不救人。医生救人治病，但是不能保证病人被救后出门不会被车撞死，或者又生了其他的病死掉。放生也是一样的，当我们看到动物在受苦难，当下解救他，至于后面的动物是否会被杀，或者它会不会因为我放掉又被别人捉来杀死，这就要看它自身的业力了。所以，不管任何时候，我们都应该尽量给予众生无畏惧的布施。通过放生，我们能做的只能是短暂地尊重生命，要学会的是通过放生尊重生命。

　　虽然绝大多数人都渴求得到世人尊重，但从最起码的角度来讲，我们每个人对生命的尊重都是很缺乏的，不但不懂得尊重别人的生命，还不懂得尊重自己的生命。常常一发脾气，就产生嗔恨，乃至自杀或吸毒，对自己干尽伤害之事。你对自己都无法尊重，怎么能要求别人来尊重你？所以，任何一种放生都是让我们懂得积德行善、累积福报，通过放生越来越快乐，疾病越来越少，身体越来越健康，越来越长寿，这是真实不虚的。精神力量真的是不可思议，修行真的可以让心变得非常强大。

重点是，通过放生学会尊重生命，会让我们的灵魂变得完美。一个人不懂得尊重生命，他的灵魂是残缺的。如果大家都不懂得尊重生命，人与人之间的相处就会出问题。为什么现在社会上那么多恶性事件频发？有人可以为了抢一部手机或一个皮包把人打死。

每个人来到这个世界上，生命都是很短暂的，彼此之间都是过路客，随时随刻大家都要各奔东西的。在这短暂的时间里，要能够彼此珍惜缘分。通过放生，我们要学会为所做的每一件不尊重生命而伤害生命的事忏悔。这个世界上没有一个生命是因为你的强大力量而可以随意去杀害的。

多年前麻雀被归为"四害"，喇嘛们不敢打麻雀，于是拿着铃铛到处赶麻雀走。我们那里的麻雀都不是被打死的，而是四处被人赶，没地方落脚而累死的。之后蝗灾很快就来了，因为自然食物链被我们破坏掉了。只有在实在没有办法的情况下，类似行为控制在适当的范围内，而不是对一种生物一开始就有排斥的心。每一种生物存在在地球上，都一定是有它存在的必要的。

通过放生学习尊重生命、累积福报，再没有哪种功德会比放生更大。任何时候，尊重生命就是第一大善行。比如说什么叫守法，你不去犯法就是最好的守法。我们通过放生学会尊重生命，你尊重我，我尊重你，共同创建社会和谐。

人应该观察内心，先找自己的缺点，而不是盯着别人的缺点不放。放生也牵扯到我们心理层面的很多东西，比如道德。如果不尊重生命，你学什么都是白学的。通过放生，给动物一个短暂的免于死亡的痛苦的自在。

当然，放生需要方式方法，不能不动脑子乱放生。有个人看到卖毒蛇的，就一麻袋都买下来，放在一座山上；好几个经过那边的人都被毒蛇咬了，出来骂："这就是佛教徒干的好事！"有人买了很多的海鱼去一条淡水河放生，结果海鱼全死了，河里臭气熏天，河两岸的居民都骂："连怎么放生都不知道，还放什么生？"

我一直强调：放生是好，还一定要学会保护动物生存的环境，这也是在给我们自己放生。现在经常洪水泛滥，泥石流、沙尘暴的，源头是森林被滥伐；如果把环境保护好了，灾害自然越来越少，人的生命受到的威胁也就会越来越少。

鹿野苑：世界上第一个野生动物保护区

善待生命，善待大自然，其实就是善待人类自己。真正的放生，不仅仅是你去买动物然后放掉，而是要找到适合它们生存的环境，不会再被伤害。

鹿野苑是佛陀第一次讲经说法的地方，这里被公认是世界上第一个野生动物保护区。在藏传佛教寺庙能看到一个法轮，左右有两只鹿，那就是象征佛陀在鹿野苑讲经说法。当时佛陀向国王要了这块地，有山有水有森林，此处禁止狩猎，好让动物自由生存。我一直称这个地方是全世界第一个动物与环境和谐融合的地方。

当然，不破坏动物们的生存环境，就是最大的放生。尊重大自然，才是对生命真正的放生。如果外在的环境被破坏了，生命源泉被破坏了，人怎么生存？藏区有很多冰川，几亿年都不化的，随着温室效应的加剧，有些冰川现在消失了。后果就是水的源头越来越少了。以前经常在讲"总有一天水和油同价"，现在不用"有一天"了，这天已经来了，现在有的水，一瓶的卖价可以买好几瓶油。

有一次我在美国加州和一些专家对环保进行探讨。他们说美国环保做得是最好的，我说："我看到了，你们森林和草原的保护都非常好。你们大部分的房子都是用木板盖的，却没有看到你们的森林被砍伐。我有足够的证据证明你们是从别的国家买来木材，重新加工后再盖你们的房子；如果这也叫环保，谁都愿意做——你们只是掠夺而已。"这些话，我对很多日本朋友也讲过。这样的环保不是真的环保，还是大自然被破坏，地球本来是一体的，最后得到的结果一样。

如果环境没有保护好，空气会越来越差，包括人类在内的各种生物遭受疾病会越来越多，生存也将越来越困难。

什么时候会哭

有个美国人曾问我："你什么时候会哭啊？"

我就跟他讲："看到天灾人祸和你这种人，有时会流泪；看到你们美国人发动战争，看到你们践踏别的国家和人民，就想哭。"

他说："为什么看到我这种人就想哭？"

我说："看这个问题，就知道你是个傲慢的人。你们美国人就是因为太傲慢，到处发动战争，自认为是全世界的警察，所以我说看到你就想哭。"

他说："不会吧，因为我们发动战争，你要哭？"

我说："不是因为你们发动战争我要哭，是看到被你们打死的那些人我会掉眼泪。"

他说："那是我们对外的。对我们美国人，你什么时候会哭啊？"

我说："像发生'九一一事件'，看到那些场景，我会掉眼泪。"

他说："那你这样也蛮平衡嘛！"（意思是，你不只对我们有恨，你对我们也有爱。）

我说："那当然了。我们对任何一种暴力或者伤害，都会有厌恶的心；看到任何被伤害的、无辜的人，我们都会对他有同情心。这是慈悲的表现。"

安宁地离去和快乐地活着一样重要

由于对"生"的喜悦与赞叹,人们常常欢迎新生命的到来,并注意到人口不断增加的事实,却忽略了死亡其实也是时刻都在周边示现,平时很少探讨"终极关怀"这个主题。所以,多数人不太理解终极关怀的意义,也不知道如何做适当的终极关怀。

一个接近死亡的人,真的很无助,因为他知道今生的财产他无法带走,也知道这一切对他没有意义,可是又放不下,这种执著会存在。当他对亲戚朋友(包括在面前的你)有执著时,一定要安抚他,告诉他亲人的关心,让他放心家里的一切。对家人、亲戚朋友、现实世界的执著,现在对他而言没有实在意义,这时候需要不断地开导他,让他放下执著。

人临终时眼睛已无法看到真实的面目,前面站一排排的人也没有用;耳朵的听觉消失了,你用言语在旁边安慰,他也无法听得清。所以,这时候亲戚朋友在旁边,要用手触摸他的身体,摸摸他的手,或摸摸他的额头,让他感觉你就在他旁边,来帮助他度过这最孤独的过程。这是一个很重要的程序。

我们不要以很烦躁的心态面对亡者。很多人看到亲人要往生了，或号啕大哭，或抓住亡者大喊大叫，这些也是要避免的。很多时候，因为我们的孝顺，或对他的爱护，很难放弃他，但这时要强忍住自己的悲痛，好让亡者平静，能安宁祥和地离去；号啕大哭或抓住亡者大喊大叫，只能使亡者放不下又无能为力，在身体的痛苦之外又添上剧烈的心灵痛苦。

生与死是每个生命都需要面对的，但死在生命过程中常常不受重视。比起死，生相对能被了解。特别是人，当有新生婴儿出世时，家人大多会庆祝，每年帮他过生日。至于死亡，我们容易轻忽，不敢面对，恐惧谈"死"。

实际上，人更需要面对的，是死的问题，而不是生的问题。

人在母胎时，一直有母亲呵护；从生下来的那一刻开始，成长过程中有很多亲朋好友陪伴着我们。所以，人虽然孤独地来到世间，但只要学会与人互动，就可以不孤独。而死亡对我们来讲是非常孤独的，不管我们有多少亲情、友情、权力、金钱等世间福报，死亡时既带不走，也失去意义，每个人必须独自面对死亡；而且即使再怎么恐惧死亡，当这一时刻来临时也无法不去面对。所以，我们需要学会利用得来不易的身体，累积更多的福报和智慧，不让自己无助地死，而能有智慧地选择面对死亡的方式。

人和人的相聚都是短暂的

多数的人都是厌恶异己而眷恋所爱,常常为了亲友可以忍受许多痛苦,希望和所爱的人长相厮守。有时候,亲友遭受无常的打击,生病、死亡或失意潦倒,自己的感受会比当事人还要痛苦。不论是夫妻、父母子女、兄弟姊妹、朋友,我们都会面临分离的痛苦。因为世间的无常和轮回的变化,人和人的相聚都是短暂的,最后都必须要面临生离或死别。就像绚丽的烟花,一时绽放得很温暖很精彩,但瞬间即逝,终究烟消云散。

所有做子女的,都是从父母的精血中成胎,由母亲冒着生命危险生下来;父母不顾辛劳将儿女抚养长大,将所有的精力和资产毫不吝惜地给予儿女。如果养育出来的是贤能的子女,长大后也多是为人效力,很少有时间回家孝敬承事父母;如果不幸养育出不孝的子女,就会成为家里很大的包袱和负担。很多做子女的,常常认为父母的一切财产本就应当归他享用,很少有真正的感恩之心。

有的亲友,当你拥有财富权势,对你满脸笑容,百般奉承,你需要什么,他们马上会满足你;当你失意落魄,他们就很快和你划清界限,哪怕你没有做错事,因为你没了权势,他们也会把所有的错误和责任推到你的身上，甚至恩将仇报。

所以说，子女、亲戚和朋友的关系，其实都存在着别离和痛苦的本性。

在生活中，我们所讨厌、怨恨、不喜爱的人，每每会和我们共聚一堂。其中有些是亲人，有些是邻居、朋友、同事或长官。当我们遇到不友善、甚至会伤害我们的人时，会因为害怕这些怨敌夺走我们的名利、财产或生命而日夜忧心。还有一些我们不喜欢、嫌恶的事，常常会碰上；自己不愿意做的事，又不得不去做，纵有百般不愿也无法避免。这种无法具有自主性和决定性的痛苦，使身心在有形无形中受很大的压迫。

谁也躲不过的生老病死

伟大的佛陀在两千五百多年前是古印度的一位王子，生下来就已经拥有了我们现代人所追求的一切。因为贵为王子，他在王宫里享受所有的荣华富贵。他从小就受到良好的教育，包括骑马、射箭、格斗等。

但长大之后，王宫里的荣华富贵不能再带给他快乐，天天闷闷不乐，不知道问题出在哪里。他想出去散散心，从王宫里分别朝东南西北四个门走出去，遇到了人一辈子几件大事：有人生孩子，有老人颤颤巍巍走在路上，有人生病，有人死了。他出了四趟城门，看到四种不同景象。于是回来问：有谁能解决这个问题？没有人能给出答案，因为生老病死是自然规律。那么，生老病死的问题解决不了，人怎么能够快乐起来？

人从出生开始，就有着各种无可避免的事。最切身的痛苦，一是发生在身体上，二是感受在心里。发生在身体上最明显的变化，就是生老病死。

胎儿在母亲肚子里就开始经历风险，稍有不慎就会影响其正常发育。出生的过程更是生死攸关。这种怀胎、出生的痛苦，真是生命中的险难啊！当婴儿渐渐长大，从儿童、少年、青年、壮年到老年，生命一天天在缩短，一步步走向死亡，中间会受到许多无常的折磨，像大海的波浪一样没有止息。

人没有生而不老的，每一分每一秒人体的细胞都在成长、变化和衰老。人总想改变这一进程。古代秦始皇遍求长生不老的仙丹，科学进步的今天发明了许多抗老化的激素。尤其是女性，更难接受逐渐年老的事实，所以市面上有许多美容化妆等种种生物科技产品来保持人的青春美貌。实际上，不管这些技术产品能维持多久的青春效应，只要人继续活下去，一定会衰老。

"自古英雄和美人，不许人间见白头。"年轻时的意气风发，抵不过岁月的摧残；精气神越来越衰弱，皮肤失去光泽，脸上出现了皱纹；同年纪的朋友一个个离开人世，再傲慢自视的人也会对死亡产生恐惧。人一老，还容易生病，常常没人耐心照顾，还会遭到亲人的轻视和侮辱。老人要忍受种种的痛苦，又要面对即将来临的死亡，心中是十分惶恐害怕的啊！当死亡来临，除了肉体上不断变化挣扎的痛苦外，最严重的是意识上的惊慌、恐惧和迷乱。

生病和死亡不是老人的专利，病魔对人没有分别，从婴儿、幼童、青少年、壮年到老年，不管是贫贱低卑还是富贵权威，只要一生病，就只能任凭医生和病魔的摆布了。只要生病了，不管是多么强壮的男人，或是多么活泼的女孩，都像被石头打到的小鸟一样，有气无力，无精打采。

生病是痛苦的，痛在自己的肉体上，多么亲近的人都不能代受。世俗还有句话说："久病床前无孝子。"人生病久了，重病不起，无法医治，不但病人受苦，连旁人都辛苦，种种烦恼和人性的丑陋面就会出现，是非常可怜的。

死亡是会发生在任何人身上及任何阶段的。有句话说，"棺材里装的不一定是老人"。有人一出生就死了，有人在童年时夭折，有人在壮年时遭遇不测。从辩证法的角度来讲，没有什么是真正永恒的。无常，不受时间的约束，没有空间的限制，凡是属于实体的一切都在无常变化中。我们可以感觉到：一增一减，一消一涨，一存一亡，刹那就是无常。每个人从生下来到死亡之间，都受着无常的主宰，没有一个生命是常存的。我们回头看：从小到现在，我们认识或不认识的人，有多少人已经死亡了？这些人一个个被死神带走，渐渐地消失在我们的记忆中。

如果我们轻忽了生命和死亡的问题，就会对今生所有大大小小的快乐或痛苦深深执著，患得患失。当死亡来临，就算你有再强大的威权、再雄厚的武力、再富饶的财富、再聪明的才华、再美丽的容貌等世间福报，都无济于事！

所以，我们要趁死亡还没来临，时时累积福报，策励精进。

佛陀表演的人生

一个人没有恒心,没有意志力,是不能成功的。《楞严经》里有句非常有名的话,叫"理则顿悟,乘悟并销;事非顿除,因次第尽"。中国古人也说过:"不积跬步,无以至千里;不积小流,无以成江海。"路要一步一步地走,事要一点点做起,逐渐积累,不能指望一口就吃成一个胖子。讲道理每个人都懂,但事情须渐渐修为才能完成。

一只蜜蜂掉到瓶子里,盲目地飞,往上飞,往下飞,重复着在里面绕。一个人被我执无明的情绪掌控,不由自主地随着情绪滚动,就解脱不了。像蜜蜂飞出瓶口,人掌控了自我的情绪,就解脱了。

佛陀二十九岁那年为寻求人生解脱烦恼之路而出家,直到三十五岁时证悟成就,历时六年。为什么佛陀要这么做呢?他要打破当时有的修行者认为"不修就可以成佛"的观念,连伟大的佛陀都要有六年苦修,何况是我们凡夫俗子!他成佛后一直不停地到处讲经说法,这又告诉我们:佛法是需要身体力行来传播的。所以,法师要离开寺庙去传教而不是在庙里坐等信徒来烧香点烛。这就是佛陀给我们最好的教育。

佛陀孜孜不倦地传播佛法一直到八十岁涅槃。到了他晚年，成就的弟子越来越多，有些弟子心想，"反正佛陀在这里，随时找他学都可以，不需要那么的勤奋精进"，很多人懈怠了，不好好修行。在藏传佛教里这叫"结伴的魔"。如果一个做弟子的跟师父天天在一起，那么他不会成为好的修行者——得到太容易了，他根本不会珍惜。在佛法上如此，在世间法上我们也是如此。一个家庭有一个好妻子或者有个好丈夫，对方会习以为常而不会珍惜。

最后佛陀选择涅槃，是为了告诉大家：像佛陀这样伟大的觉悟者，最后都要走向涅槃。我们每个众生都要面临死亡，那么死之前准备好了没有，是很重要的。

所以，佛陀已经活生生地表演了所有这一切给我们看。

卷五

心若得了自在

如果天上没了太阳和月亮,世界将陷入可怕的黑暗;如果人们失去了善良的心,世间将被虚假和丑恶驾驭。在纷扰的尘世中,我们要唤起人性本具的光明;在充满焦虑的社会里,我们要活得快乐。

是毒还是药

"毒"字后面常常还有一个"药"字，用毒用得好，用到一定的量，它是药物；可惜难得有人可以控制好这个尺度，这种毒不但会伤害你，还会伤害到你身边的人。它的力量，是我们没有警觉它的"甜头"，会无声无息地上瘾。这里说的"毒"并不单纯指海洛因、大麻等，所有会让人上瘾的东西，我们都称为"毒"，包括吸烟、喝酒等，这些都是一开始让你觉得很舒服。

人为什么会吸毒？当他心里难受、痛苦，感觉这个世界都要完了的时候，吸一口毒品，整个人轻飘飘的，好像所有的痛苦都没了，这种感觉和喝酒时是一样的。有人总觉得尝一次是不会上瘾的，问题是你的痛苦不会只有一次，你尝试过一次感觉好像还不错，下次烦恼痛苦来了，就想"再试试看，反正才第二次而已"；这个时候其实你已经上瘾了，因为烦恼痛苦时你第一时间是想到了这些毒品。在药物的作用下，上瘾以后要再戒掉就有很大的困难。

　　诸如海洛因、大麻这些是有形的毒品，我们可以清醒地加以拒绝、排斥。还有些毒品是我们所看不见的，如贪念。生活在大城市、发达地区的人，痛苦都来自于他内在的精神毒品，也就是他的欲望。全世界看那些招摇炫富的中国人，包包都一样，男男女女都是LV、Prada，更好一点的是Hermes，几乎人人拿个iphone。再看中国的房子，古老的优秀建筑多被毁掉，盖所谓的欧式房子，屋顶上插一个跟洋葱一样的东西就说是俄式建筑，要么就是欧式巴洛克风格、哥特风格，把世界各地尤其是欧美国家之地名搬到了小区，屋子里的人还在过着原汁原味的中国式生活。这样的结果就是，别人的没有学好，反而把自己民族本有的鲜明建筑特色丢失了。这是虚荣心在作祟。这就是欲望。在欲望的推动下，我们分不清对错是非，不知道什么是精华、什么是垃圾。

　　人要懂得取舍，去获取最优良的一面，而不是一窝蜂地从众，人家做什么，我们就去学什么。

　　欲望带来痛苦。没有房子时想有一套房子该有多好，有了小房子想要大房子,有了一套房子还想要更多的房子。如果有很多人来住,那当然好;问题是没有人住,没有人气。人就是这样,从没房子到有房子,从小房子到大房子,最后就为了房子做苦工。

欲望是会不断膨胀的。比如追名牌,商家永远是盯着你手上的东西,隔一阵子就换一个款式,告诉你这个才是最新的、最好的,你手上的不是。所以,追求名牌是追求不完的。

长相、衣服、食物、财富、掌声,我们都喜欢;没有这些,我们会强烈地妒忌别人有。贪念、嗔恨、妒忌弥漫在我们内心,从而产生出一种强烈的痛苦。

心贼伺机而动

如果我们没有守护自己的心,心贼会在旁边伺机而入,让我们不知不觉失去很多。什么是心贼呢?就是我们所说的贪欲、嗔恨心、傲慢心。

你时时行善,常常做好事,可当你骂了人,起了嗔恨心,生起傲慢心或嫉妒心时，你做好事累积的福报就会消减。贪欲和嗔恨等心贼会偷走我们的福报，其实你就是你自己的小偷。对于世间的小偷，我们可拘捕他、辱骂他，可是自己偷走自己的福报，自己会不会责骂自己呢？如果这时候能以正知正念摄持察觉自己念头，立刻停止嗔恨，福报还会增长，可很少有人能做得到。

心贼全藏在我们心中，比世间的盗贼还要可怕。心贼很难提防，来得快，却很难赶走。它们随时随刻伺机而动，让我们烦恼，带来困扰和痛苦。如果能自我省察，一点一滴除掉心贼，在人世间就可以过得快乐。看看周围朋友，怀疑心没有那么重的人，或是傲慢心没有那么强的人，往往过得比较快乐。人都是自己烦恼自己，自己带给自己痛苦。人们常说："×××伤害了我！"坦白地说，不是别人伤害你，是你自己伤害自己。

所以，我们要随时随地观照自己的心念有没有被心贼绑住。如果发现心念偏离了正道，要想一想这样的坏处和恶果，要把恶念拉回来，引到善念上定住。如果不能念念做到，起码也不要自己欺骗自己，不要伤害自己。把心安住在正念上，善心与善行自然而然就会产生出来。

经常听到有人讲"他是一个好人"。所谓的好人，一是不会伤害别人,二是在别人需要帮助时愿意奉献。那为什么又有人说"好人没有好报"呢?好人不代表做的都是好事,好人有时也因为自认为好而犯错。我的一个弟子得了不治之症,他老是跟我讲:"我心地很善良,为什么会得到这样的报应呢?"我说:"你不要光看你现在生病很痛苦,更要看看你生病后有多少人花钱帮你治疗、多少人关心爱护你,跟你不甚熟悉的师兄师姐们天天在关心你、帮助你,这是从哪儿得来的福报?说明你以前做过很多好事,是个好人,才有现在这些机缘。要知道,有些人生病了,可能连照顾看管的人都没有。"因此,有的人生病,会有很多的善报成熟。

心念要摆正。我们把正念安住下来,正知也会随之而来。正知与正念就像是在大门上加装的两道门锁,可以防范烦恼心贼。

安心与安家(一)

人经常会发牢骚说"这个人对我不好,那个人对我不好",却很少去思考"我之前对他好过吗",这些都是有因果的。

我们讲因果,不要想得太复杂。你今天的所作所为,到明天必须负责任,这就叫因果。因果是连接的,一个是种子,一个是果实,这个种子要不要连接成果实,中间还要付出很多,这就是因缘,也叫缘分。

我们经常讲,先了解自己的内心。佛教徒又叫"内教徒",是反观自心做事。佛陀不会惩罚你,菩萨不会惩罚你,他们只会让你越来越向善,越来越脱离痛苦和烦恼;但你的良心会惩罚你——可以向别人隐瞒,就是隐瞒不过我们的心。痛苦大部分是心在"播放"给你。你所造的业力在播种时,你的心就像摄像机,不管你说的做的,全给你录下来,储藏在你的阿赖耶识里,总有一天会放给你看。

要学会反观自己的内心。从小到大,在学校里学的东西都是教导我们往外去争取、怎么观察别人、理解万物事物;没有人告诉我们,理解这一切的是自己的思想和灵魂。我们不停往外求,都得到了,最后发现身体的房子有了,身体的车子也有了,身体的衣服也有了,一切欲望都产生了。身体付出很多代价,都得到之后心反而变空了,找不到生存的地方了,找不到家了。心没有家,就会很恐怖,人就会越来越空虚。房子没了,可以找朋友寄宿,或者花钱住旅馆;心没地方住,放在朋友那里可不行。你有烦恼,给朋友讲一次,他有耐心听;你讲两次,他就开始有点不耐烦了;你讲三四次之后,他就躲你这个人了。你要把你的心放到他那儿,他肯定接受不了。

所以,人自己的心,自己找个地方放。

安心与安家(二)

人最大的敌人是自己。很多时候,我们的痛苦不是来自别人,而是自己通过贪念、嗔恨心、妒忌心、傲慢心、疑心病来伤害自己。它会发酵,会蔓延。我们的情绪经常受到这种负面力量的影响,身体会越来越不健康,压力会越来越大,周围的人越来越不被你待见,我们的幸福指数越来越低。

观察自己的内心,最重要的力量在于打击我们的忧愁和烦恼。只有往内观察自己的内心,才会发现错不在外面,而在于自己。你把自己降伏了,再要降伏外面的人和物是轻而易举的。

以前经常被灌输"生命只有一次,人往生后就好像树枯水涸，一切都消失了"，把自己当成物质来看待。以前经常被灌输"你眼睛看到了没有？耳朵听到了没有？手触摸到了没有？如果没有看到，没有听到，没有摸到，那就表示什么都没有了"。那么，你什么时候看过你的思想？没有。但它每天都在蹂躏我们，一会儿想要豪宅，一会儿想要豪车，一会儿要这个职务，一会儿要那个名声，让我们备受折磨。这颗杂乱的心，叫杂念，隐藏在它后面的就是我们的思想、意识。

  思想让我们这么劳累，有人真正沉淀下来认真观察过一下吗？我们总在看自己今天妆有没有化好一点、头发有没有梳好看一点、衣服有没有穿整齐一点，而没有好好观察我们的灵魂、我们的源头——我来自哪里，我要去哪里，我到底为什么而活。虽然我们没有摸过抓过思想，却被它当成奴隶在使用。

  没有观察，没有碰撞，不代表它不存在，而且它的力量很强大。比如在我们周围循环的空气，没有用心观察，谁能感觉到空气的存在？而它是我们生存的来源。空气中的电波、磁场、能量是摸不着的，需要一件件的实物来体现，我们才承认原来这些看不见的东西是存在的。

  我们一定要好好了解自己的内心世界，不然每天忙忙碌碌，都不知道自己追寻的是什么。要明确你的目标正确，在什么样的前提下做什么事情。

给心找一个家，让它知道：当它遇到痛苦的时候，要用什么力量去对付；当它遇到快乐的时候，不要得意忘形。这就是信仰。我们每个人的灵魂都是残缺的，一个再好的人，也有他的缺口存在。现在的人懂得隐藏和伪装，社会竞争激烈，工作压力大，把最好的一面展示给上司、同事，到了家里就把内心的垃圾、负面情绪丢给家人，最严重的会家破人亡。这是没有找到净化心灵的方法。学会观察自己的内心是为对治自己的负面情绪，让我们从烦恼的情绪里得到解脱。

 我这辈子什么都不缺

如果天上没了太阳和月亮，世界将陷入可怕的黑暗；如果人们失去了善良的心，世间将被虚假和丑恶驾驭。人类缺乏的，不是物质文明；世人亟需的，是精神良药。在纷扰的尘世中，我们要唤起人性本具的光明；在充满焦虑的社会里，我们要活得快乐。

如果我们过度注重外在的环境、外在的名利，就会忽略精神层面的东西。佛陀成佛时就讲："这个世界本来就是一个苦难的世界，原因在于我们放不下心里的贪嗔痴慢疑。"要放下这些，要学会方法，要接受教育。能够放下，就容易从简单中得到快乐，而且这种快乐可以保持很久。

　　在我小的时候，大家都非常贫穷，师父还坚持每个月的初十和二十五进行荟供。当时我们都不解：吃饭都困难了，为什么师父每次都拿那么好的东西上供诸佛菩萨，供完后又分给老百姓？师父说："我这辈子什么都不缺，除了会讲经说法以外，还会帮别人看病。我要什么，讲经说法会来，给人看病也会来。我现在做荟供是帮你们做的，会回向给你们，让你们这些人以后有取之不尽的福报。"藏区的佛学院多、僧人多，但作为师父的弟子们，大家吃的、住的、修的，福慧圆满。在很多地方，修行是很辛苦的，像密勒日巴大师修行很高，也是饿过肚子的。以前师父讲的时候，我们没有太大的感觉；后来我们到世界各地弘法，发现我们也好，我们的弟子也好，在修行的时候不缺资粮，更不缺心灵的力量。

　　我没有弱的弟子，就怕你没有虔诚心，那你很快会变成弱者。

学佛不消极

看你不顺眼,对你不怀好意,一直希望你有不如意的事发生,这种不满意的延续叫做"恨",我们要把这个断掉。对别人不满意,作为凡夫俗子有这样的心态是正常的,但不要让它延续下去。不要去爱这些对你有害的思想,去爱对你有意义的、健康的思想。

一个包容心很强、脾气好的人,别人说伤害他的话,一般人听来很刺耳,他不觉得。他能够容得下这一切,就像海洋,什么水到海里都成了海水。如果我们太在乎小细节,别人的一言一行都觉得是针对自己,这样受伤害的永远是我们自己。我们不可能把这一切都变没了,现在的学习就是让我们有一颗开朗、包容的心,把我执、自私的心敲碎,心胸像大海一样宽广。

把心完全提升起来,才能拥有一颗快乐的心。有人觉得学佛了就要严肃,对很多事都很消极地看待,其实不需要这样。学佛,要学得快快乐乐的,不要学得愁眉苦脸的。人生有太多痛苦,我们就是要通过学习佛法来脱离痛苦和烦恼。

在城市,高楼大厦拥挤,人的活动空间有限,所以,心就跟着房子一样愈缩愈小。如果去藏区看一看，心胸随着大自然的广大也变得广阔。现在我们身处在都市，没有广阔的大自然，要让心胸开阔的好方法，当然是学习佛菩萨了。

我们要学佛菩萨以开阔的胸襟面对所有的生命。不管别人怎么对待我们，我们要一视同仁地将对方当成是亲人来看待。我们先把慈悲运用在所有人身上，再慢慢地用在动物身上，之后再扩大到六道中其他众生。

修行的诱饵

本来做一个佛弟子，应该是随着对佛法的理解和修行，智慧越来越增长，恶习越来越能调伏，内心越来越柔软谐和。但实际上常常不是这样。很多时候，反而是学佛学久了，埋怨、怒气和不满不知是从哪里来，不断涌现。这是件很悲哀的事。佛弟子心中的埋怨或愤恨，作为师父，看得非常清楚。

佛法有四种摄受法：布施、爱语、同事、利行。在你刚开始接触佛法时的接引方式，佛经比喻为"用鱼钩上的鱼饵来引诱你"。一般人用鱼饵钓鱼是让它痛苦的,而佛法的诱饵是要引导我们脱离苦海的。所以,传播佛法的上师在你刚开始接触佛法时会用这样的方法接引,让你时时感觉好像他离你也不是那么遥远,不让你感觉到他对你的工作或你所处的环境有不愉快或不认同。无论你是什么身份,他都会表现出高度的和你感同身受的表情或语言,让你觉得没有那么陌生。这种方式的最终目的,是要以佛法来引导你,让你把所有不好的习气渐渐放下,就像鱼上钩后慢慢将它拉出来,脱离苦海。

可是很多弟子不明白这种接引方式的重点,会把注意力放在上师对自己是否时常嘘寒问暖、是否时常赞美自己上。但我们要仔细想想:如果一个上师知道你在做坏事,还对你面露笑容,那么你就上当了;他那不是对你慈悲,而是在害你。你明明知道这些缺点毛病都不好,但挑起刺来,你听起来还是会很不高兴,忠言逆耳;你更喜欢的是,当你犯了错时他也告诉你"没关系啦,因为你是凡夫俗子的缘故",你听起来当然觉得舒服。但对你有用吗?实际上一点帮助都没有。

偏偏作为红尘中的弟子就喜欢这样。无论讲别人的是非,或是挑拨离间、骂人、杀生、造恶业,或是喝酒,如果上师对你说"都没关系,你慢慢改",你就会说"这个上师好慈悲啊"。什么慈悲？他在害你啊！你已经在一点一点地播下地狱的种子了，却没有人提醒纠正你，甚至还告诉你"没关系"。你要知道，这跟喂你吃毒药是一样的。你喜欢吃，鼓励你多吃一点；你吃上瘾后，最后害了你自己。

所以，一定要了解上师摄受弟子的方式，目的都是为了引导你趋向佛法，让你能从学习佛法中获得帮助。

人最不容易了解的是自己

我们总以为了解别人比了解自己来得辛苦，但事实上，一个人最不容易了解的是自己。

想想看，用手触摸得到的脸、鼻子、眼睛，要靠镜子所映射的影像告诉自己："你长得就是这个样子。"那么，内在无形却主导我们行为的自我意识，或一般人所说的"心"，更须反观照见，才能对变化快速的人性有所理解，进而导向正面的发展，人生从而快乐、美好。

人心原本是良善的，却被贪、瞋、痴、嫉妒、傲慢等烦恼像灰尘一样障蔽。这些烦恼是如何产生的呢？因为我们的心，通过眼睛、耳朵、鼻子、舌头、身体和外境相接触，而产生好与不好的种种分别。这些分别一直循环，再加上自己的执著，使得原本纯净的心产生两种情绪，一种是"好"，一种是"坏"。而好坏的分别，并不是真实的分别，而是来自主观的认定。

平常我们认为自己很清楚地知道什么是善、什么是恶，其实人对心的认识，本身就是矛盾的、模糊不清的。当我们实际去寻找"心"时，找不到一个确切的它；可一旦执著起来，它便主导着我们整个身体、语言。我们纯净的善念，大部分时间都被"自我的执著"所遮掩，需要长时间用强迫的方式使它从内在散发出来。人心愈往自己的利益发展时，就愈不易行善；心里愈为他人着想，超越自我，人心的本善就较容易产生出来。心也会产生伤害别人的念头和行为，就是所谓的恶，这是我们所要提升的地方。

宗喀巴大师曾说过："如果你有颗善心，那么见和道都是平坦的；只要你心中有恶劣的嗔恨心，那么见和道都是凶恶的。"善和恶的来源主要在于心，而不是言语和行为；心是主导，言和行则是配合心的意念来行事。

心若得了自在

我们要认识"心",提供它免疫力。

我们每个人,看起来很强壮,实际上都很脆弱,都怕孤单、怕寂寞,没有安全感。我们要成立家庭,要亲情,要友情,要财富,需要权力,一切都为这个没有安全感的"心",帮它做防护墙。一直为它做围墙,这些围墙却又管不住它,因为它会胡思乱想,想到美国就到美国,想到澳洲就到澳洲,东奔西跑,圈不住它。有时疯狂起来,自己都不知道自己是谁了。当你发脾气时,如果有录像,事后给你看,你那张嘴脸,那个嗔恨发怒的样子,你根本不承认自己怎么会变成这个样子。

人的心往往就是这样:快乐的时候,世上所有负面的东西我都能够容纳,没有人的心胸像我这样广大,我的慈悲心、我的良心、我的智慧全出来了;一旦负面力量来了,一切都腾云驾雾,完全迷失了。所以,人的心,你说它小,从头发到脚趾,找不到它在哪里;一大起来,全世界多少的灾难是从一个人的嗔恨心发起来的,全世界多少的慈爱和善业又是从心的力量产生出来的。这就是心的一体两面:魔性和佛性。

做好事、说好话、付出,是很难的,每个人的公理心要培养很久。从小就需要父母告诉我们,"把这个东西给这个,把那个东西给那个,要为大家着想",要教育我们很久;但是,从自私出发,要抢别人东西,根本不用教。小孩子只要学会抓,能抓什么就抓什么,会认为这些都是他的。

所以说,人的思想是最可怕的,但又是我们能够掌控的。外在的环境,外在的财富和权力,要掌控起来实际不容易。寂天大师曾经讲过,如果满山都是带刺的树,会扎人的脚,打算用布和毛皮把带刺的树全都盖住,是不可能的。有人总是想:"这人对我不好,把他干掉;那人对我不好,我该怎么对付他。"在此过程中,我们常常把自己折磨得精疲力竭。

这个时候,我们要做的是,先看透自己的心灵。知己才能知彼。我们总是想了解别人,可你连自己都不清楚,自己需要什么也不知道,自己从哪儿来也不知道,自己将会去哪儿也不知道,自己活着为什么也不知道。现在很多人对自己到底为什么工作不知道,为什么而赚钱也不知道,什么也不知道。我们认为我们知道,实际我们根本不知道,而且不知道得很可怜。

心若获得了自在,则无论住在哪里,与什么样的人交往,都会觉得非常快乐。

佛像和寺庙本身并不是佛法

我们有了信仰以后,才知道怎么把我们的心洗干净。

每个人都在造业,这是没办法改变的,但我们可以将它净化。把业力净化掉,剩下的就是你的善报、福报。

有了信仰,你的生命会改变,你的生活会越来越快乐。

每当遇到烦心事,心里很乱,许多人就非常想到庙里去烧香,拜一拜,求求佛菩萨。我们发现,无论自己的愿望是否能够满足,在庙里,在佛菩萨面前,我们的心会特别安宁纯净。

能经常到一个让我们的心静下来、保持干净、没有杂念的地方,是好事。有人在工作之余喜欢运动减压,有人在尘俗的忙碌之余喜欢打坐静心,有人通过百忙之中抽时间做义工来纯净心灵,这些都很好。我们的心就像个容器,里面装的好东西多了,装坏东西的地方就少了,装干净的东西多了,装肮脏的东西就没地方了。我们到寺庙里,心清净下来了,烦恼也就会少了。

一直以来,人们有一个误解,就是俗语说的"佛争一炷香,人争一口气"。说看一个寺院兴不兴盛是看它的香火旺不旺,如果香火旺,就用"香火鼎盛"来形容。事实上,这是一个绝对的错误。佛陀并不需要香火，因为佛陀本身已经够"香"的了，佛陀的这种"香"（甘露法语妙香）已经传遍了全世界，受到不同种族、不同文化背景，乃至不同宗教信仰的人的欢迎。

佛陀不需要香，也不需要我们供灯供水果给他，有这种需要的是我们。佛陀也好，菩萨也好，他们本身并不食人间烟火，但弟子们认为把自己最好的东西拿来供养是应该的，这样做可以为我们增长福报。

我们需要的真正的香、真正的烛光，是佛菩萨大慈大悲的精神之香，是佛菩萨的智慧之灯，能够照亮我们的内心世界，再通过我们去照亮别人，让周边的人闻到佛香，看到佛光，接触到我们，皆大欢喜。

佛像和寺庙本身并不是佛法，而是通过佛法存在维持的一个场所；通过佛像，更能把佛的思想传达到我们的心里；看到佛像，能够提醒我们，我们跟随的那个佛，他的伟大精神、他的大慈大悲，是我们真正应该去学习的。

一日三省吾身

在当代社会,常常有一种不负责任的心态,遇到挫折障碍不如意之事就将责任怪罪到他人身上:上司怪下属事情没做好,员工怪老板领导力不足;孩子成绩不好怪父母、老师,父母、老师则认为孩子不够用功;赌博输了,只怪别人骗了自己的钱财,却不想一想,如果不是自己的贪念,别人如何能将自己口袋中的钱财骗走。更有甚者,找不到活生生的人可以推卸责任,就怪祖先不加以庇佑,祖坟风水不好。这种推卸责任的身教,对未来一代是非常不好的教育;在佛法上,也是一种非常恶劣的造业方式。

将责任都推给别人,认为自己永远都没有错的偏差想法,是现代人不容易了解自己的最大根源。人不可能十全十美,除了佛陀完全清净,菩萨、罗汉有时还有不及的地方。所以,凡夫俗子当然会犯错,重点是犯了错要知道反省,反省后要能改过。若是不自省向善,便会推诿过失而伤害别人,到最后连自己都不放过。有人产生强烈的嗔恨心,自认为一走了之可以解决一切,而不顾亲人好友的感受,以跳楼、割腕、吸毒等自暴自弃的行为来自伤伤人,带给社会和家庭非常多的困扰和痛苦。一个人没学会反观自己，哪怕年纪再大、身份地位再高也是枉然；因为没有智能，不会观察当下的言行，常常会为了利益自己而伤害别人。观察自己的身口意到底在做些什么、说些什么、想些什么，是非常重要的。如果没有仔细观察，人是非常容易受外在诱惑的。

老师、父母也是如此，教育孩子时先要观察自己的心，看看自己当下对孩子的教育是建立在自己执著、主观意识或自私的心态，还是真的为了对方好。这个一定要省思，要了解。我们希望儿女好、能考上最好的学校、有最好的工作，"如果你不去拼命，你就不会有成果；如果不努力，就不会有任何的胜利"，这些"为他好"的想法里牵扯了太多自私的心态。我们没有教导他们"要多替别人着想，不要去伤害别人；当你没有伤害别人，才会过得快乐幸福"。

很多父母为了孩子，全心全力给予他们学问的增长、外在物质的满足，可这些能让他们分辨心灵善恶而加以取舍吗？如果我们只认为，他没有知识，我们给他知识，他需要钱财，我们给他钱财，他要什么，我们就给什么，对儿女只讲好话，而不纠正其错误，以为这就是爱儿女，就是"爱的教育"，那是完全错误的。很多父母舍不得骂孩子，也舍不得别人骂，平日也不教导他:"骂人是不对的,因为当别人骂你时,你会不高兴,所以你也不能去骂人。"这些小朋友做错事,父母就做他的后盾,孩子不知道分辨善恶;对他而言,以此类推,伤害他人变成快乐的事。像这样的父母,自认为爱孩子,却伤害到孩子及更多的人。此外,我们常看到很多父母在做负面的事,却教导小朋友不可以这样做,没有以身作则,如何教育孩子?

我们在心灵层面上应该"一日三省吾身",反观自己的言行思想,而不是一味地向外投射、检视、批评别人。不伤害众生,自己才能快乐。有些人发心很好,做了很多好事,却仍会有退转的时候,这是因为内在观察自我的时间少了。要保持心的良好品质,就要长时间地自省。

莲花的能量

我们都知道莲花"出淤泥而不染",莲花本身有一种能量,能自我清洁。可以用这个来形容我们纯洁无瑕的"心",或者叫"本性""潜能"。

其实，我们每个人都具备可以开放的潜能。一个含苞待放的莲花和一个完全开放的莲花在本质上是一样的，没什么差别；所以我们双手合十，是告诉自己，"我们是有能力完全开放潜能的人，只是现在还没有开花，还没有结果，还不是觉悟者"。

怎么知道自己坚持不懈地清净内心而福报增长了呢？从以前有什么事情想不开，到你越来越想得开，你的生命越来越快乐，你和周边人的关系越来越好；你在世间的权力和财富就是另外一回事了，就像磁铁和铁一样，自然被吸过来。

很多时候就是看我们的虔诚心够不够。谁有虔诚心，光明就会展现在他的前面。千江有水千江月，月亮倒映在水里。我们的心就是那一潭水，要让它倒映在你的心间，就要让自己的心透彻；心里是乱糟糟的，如同水是肮脏的，怎么让月亮投影到里面？

当一个人平静时，做任何事情，大脑是清晰的，思维逻辑是清楚的，智商和情商都是很显然的高；但是你心一乱，哪怕是小孩可以想到的，你也不会想到。我们要让心中产生真正的能量，必须让心沉淀下来。因此，很多人想通过修行来净化心灵，通过心的禅定力产生心的爆发力。

心净了，就会有一些特别的力量，得到更高力量的加持。

 咖啡酥油茶不能混着喝

人不能总带着研究的心态来评价事物。

外国人要喝藏族的酥油茶，那就该把原来装咖啡的杯子洗干净，再来盛酥油茶，再说好喝不好喝。不要咖啡喝了半杯，直接倒酥油茶，然后说酥油茶的味道很怪。同样，你不能在茶杯里塞满了龙井茶，然后让别人往里面冲咖啡；空杯子冲咖啡，你会发现咖啡的味道很不错。

很多人来学佛，带着一大堆原有的观念、想法；你的心被这些杂念、偏见塞满，拿什么来盛接佛法？那是很容易走偏的。

把心清空。要学佛，就先把自己清干净，找个好老师好好深入地学习。不要学躯壳，父母给的臭皮囊都是一样的，要记得依法不依人。人们总犯这个错误，认定一个人，不是学他的思想、境界，而只学他的行为模式，而这个有什么好学的？

有人看了些书，懂了一些道理，就到处讲给别人听。你修行好，闻思佛法以后能够把佛法用在自己的身心上，调伏自己，拥有慈悲与智慧，然后给人家讲佛法，度化众生，才有办法。如果没有先净化自己，听过就去说，就像用木头做的磨去磨面粉。石磨磨面粉，可以磨得很好，磨相当于调伏众生。木磨磨面粉，磨着磨着，面粉是出来了，木磨本身的屑给加进去了；掺着木屑的面粉，吃不了，它本身被污染了。

 建造自己的住所

一个人在漂泊流浪，突然有人愿意收养你，或是在他的房间留你一宿，你会感觉到非常的安心、非常的快乐。

我们的心一直在漂泊，找不到一个收容它的地方。起初是寻找一个现成的房子（信仰）来收容我们的心，当这样的房子找到后，我们努力让自己拥有一个房子，而不是借住别人的。包括佛菩萨的加持，别人给你灌输的思想，是别人的东西，是不会长久的。

对自己的信念，一定要加倍呵护。一个人离开家，去陌生的地方，会有不安全的感觉；只要你在那个地方有个家，无论怎样简陋破烂，你想到那个地方时你就会觉得温暖。有信仰的人，只要知道有佛菩萨可以随时让我们安心，给予依护，我们的心就有安全感。

学佛，不是由学的时间长短来决定你学得好不好，有人短时间内也修得很好。佛陀把成就解脱的路指引给我们，我们要自己去走；能不能成就，靠我们自己。在茫茫人海中我们迷了路，有个人指引我们一个正确的方向，我们牢牢记住了，不管是现在或未来，还得亲自去走，才会到达目的地。

为明天做准备

我们要为明天做准备，明天的喜怒哀乐在于你今天的播种。如果你今天给予别人的都是笑脸，都是最美好的，那么你明天出门，每个人也是皆大欢喜的笑容。你今天到处得罪人，明天你出来看，你见到的人是一堆"臭脸"。你今天播种的什么种子代表你明天什么收成。

福报也是如此。要不要去积德行善，累积自己的福报，要看你个人的决定。今生你没有办法选择父母是谁、长相如何、投胎到哪个地方、是富有还是贫穷的家庭，但是，当你来到这个世界后你是可以选择的，你在农村可以选择去城市，也可以从城市去农村，可以从富豪变成穷光蛋，也可以从穷光蛋变成富豪，东方人可以去西方，西方人也可以去东方，这些是我们后天可以选择的。

当你的心迷茫，即便身住多么豪华的别墅，也还是无助的。那么多来自上海、北京等繁华大都市的人，跑到我们藏区来，看农民自在地生活，一家一栋的房子住着，羡慕不已；而这里的农民则一心一意要进城，想过城里人生活。

世界上公认的幸福指数高的是一些物质和精神都达到相当高度的国家，比如挪威、瑞典、德国。还有一些地方，虽然物质比较贫穷，但精神信仰强大，如不丹，如我们藏区，幸福指数也是很高的。即便环境恶劣，你的心是快乐的，你就是快乐的。

不丹人的幸福指数高，是他们对国家的环境很满意，对教育、医疗等福利很满意。他们的学生接受英语、不丹语、藏语、印度语四种语言共同教育。不丹是全世界唯一留学生在西方留不住的国家。像中国去西方留学的，大部分人学成后都选择留居国外，回国人数的比率较低；而不丹送出去一百个人留学，能回来的有九十九个。有人说不丹的幸福指数高，是因为这个国家还没有被开发，国民的欲望都比较少。不是的。他们整个国家的文化水平都很高，国王、首相等多在西方受过非常良好的教育。它们的电视台信号一般，播出来的节目不清晰，但每天早上四点播放佛教修行课程。他们的犯罪率很低。他们的幸福指数高，是来自方方面面的。

经济状况总会起起落落，但只要有信仰在，就能维持一个国家，安慰人们的心灵。一个人富有的时候，要创造更多的财富，去帮助那些需要帮助的人，这就形成一个良好的循环。我们现在有的暴发户，不知道钱财是从哪里来的，就藐视穷人；穷人也不知道别人的财富从哪里而来的，出现仇富心态。大家都不知道财富从哪里来、如何回馈，彼此就形成很大的隔阂。

如果有信仰，就很简单，播种下的种子肯定在田地里，田地就是老百姓，老百姓的财富来到一个人身上，所以当他有了财富，应该把这些财富回馈给之前帮助他的员工、老百姓。所以有慈善事业，给来源的地方回馈。很多公司设有慈善基金回馈社会，也为自己种下了福报的种子。

卷六 对众生应有的态度

自私的心必须解放出来,人越不自私脾气越好。为什么说「有容乃大」?他容量大,包容的心大,那脾气就会很好。脾气好的人,生活一般都过得舒服。我们要对周边的人和事用感恩的心。

人的多面

我们要学会从多重角度来看待一个人。

现在人们的思维倾向二分法,非好即坏,非白即黑。一对热恋中的情侣,会觉得对方是天底下最完美无缺的人;当结婚后住在一起,会有种大梦初醒的感觉,好像千挑万选的配偶并不是以前认识的那个人。要记得,以前他就是这样,也一直都是这样,只不过和你刚认识时特意将好的一面表现给你看,以博得你的欢心,现在他只是自然地显露不完美的一面。

这也是多数人会遇到的情形。刚认识的朋友,当然会把他最好的一面表现出来。就像孔雀开屏,从前面看非常美丽,从后面看却很丑。所以,与人相处,要记得人的性格中不可能只有优点,一定还会有缺点;一个人的心灵在不同时空,多多少少都有些改变。如果我们能理解这点,就不会只有二分法,而学会用水晶式多角度的观察，对他人才有较为宽容客观的看法。当他不好的情绪显现时，你可以想他好的一面，想想他对你讲好话时是多么好的一个人，现在他只是暂时性的情绪发泄，情绪过后又会展现美善的一面。因此，所需要的就只是短时间地坚持忍耐。他表现出性格中的负面部分，如果你也以自己的负面对峙，双方的关系会雪上加霜，因为已经没有好的部分可以互相给予了。

一个人的聪明本来有限，遇到岔路时独自分析对错是很难的，需要周边的人、外在的力量，一个是我们信仰的佛菩萨的加持，另一个我们身边有这方面经验的人。世间的事情"随缘"，就是很多因缘凑合促成的，我们可以找周边的在这方面有经验的人来协助，当他们给出了建议，你也认为这个建议是对的，你走下去；突然你把头撞了，就表示缘分就是如此，这时候就要坦然看待这一切，可以回过头来再找另外的岔路，不要钻牛角尖。

四分法是：对的，错的，两者皆是，两者皆不是。我们讲这是个好人，突然发觉他并不是我们想象的好人，立刻不是白就是黑。一直以来传统教育让我们大脑是这样分发，所以当一个人对我们发脾气，我们很讨厌他，就不会想到他也有很好的一面，他既有好的一面，也有不好的一面，但有的时候他连好坏两者都可能没有了。

不只是人的关系，对任何事情我们可以先这样思考：这些事情我要去做，也许成功，成功了很好；也许不成功，那么最恶劣的会变成什么样；也许成功一半，不成功一半。

要不然，一直二分法，就很难了。

 ## 富贵在心

我们说一个地方的文明程度怎么样，大概都会看这个地方的文化水平，有了文化之后，人的品质有没有提升，文明是不是进步。若是用这里的人开的奔驰宝马法拉利的车多、拿LV酷奇爱马仕的包多，来形容其文明程度的高低，则完全不着调。所以，在一些发达地区，什么西方发达国家有的我们都有了，他们没有的我们也都有了，可我们的理念、我们的公理心、我们的道德心、为大众奉献的思想，都没了。因此，人家还瞧不起我们，说我们是土包子，是暴发户。

一个人的道德是否高尚，在其变成富人之后再变成贵人，非常重要。人们多数是选择变成富人，不选择变贵人。你贵不贵，你的含金量有多少，是看你对别人对社会的奉献有多少来定。要不然，只是富，一点意义也没有，富需要贵。

一个人要从小培养自己：富，富在心里面；贵，贵在心里面。有了强烈的慈善的心，对所有众生大慈大悲，不会伤害别人。你跟你的家人和谐，你跟你的邻居和谐。作为佛教徒，我们不会破坏山川江河，不会滥杀野生动物，有什么好不和谐的。我们不贪，一个地方佛教徒多了，社会和谐就没有太大的困难。

我们为什么一定要讲，要有公理心，要有社会心？佛陀说"大慈大悲，利益众生"，我们皈依佛门都讲"诸恶莫作，众善奉行"，你只有付出，才会得到永久的快乐。我的弟子里，有做助学的，有做慈善的。捐助一个学生，用钱不多，有时我们进餐厅吃一顿饭也比那个花费得多。

能多想想怎么去为别人为社会去付出，去贡献，才是一个真正的内心深处既富且贵的"富贵之人"。

 爱财不恋财

一九八二年的一天,昌列寺的老住持扎子喇嘛到我所在的村里讲佛法,内容是说"金钱是万恶之源"。讲完法后,老喇嘛就叫我爷爷的名字,让他带头给寺院供养钱财。我爷爷笑眯眯地说:"上师啊!我怎么可以做这么不敬三宝的事呢?万恶之源我就自己留着吧!"老喇嘛智慧地回答:"就像废料可以让谷物丰硕,恶源的金钱用好了,也会变为功德。"我爷爷只好乖乖地供养了三千五百元钱。

可能是因为我的修行不太好,我做不到视金钱如粪土,总是特别珍惜来到身边的一切财富,珍惜每一分钱。但我也不贪恋钱财,经常是钱财刚刚到我手上,就被我送出去了。

二〇一〇年年初,我的书《与心对话》出版了。七月,有一笔几万块钱打到了我的账户上,这是出版社给我发的第一笔稿费。稿费到账电话刚打完,我接待了两位客人,是我的家乡马尔康的一个乡长和一个乡中学校长。他们一见到我,就希望我能帮他们的忙。

乡长告诉我,乡中学今年有个特大喜讯,有个女孩考上了西南交通大学,是新中国六十年来乡里第一个考上全国重点大

学的。大家知道这个消息后奔走相告,都特别高兴,觉得这是全乡的巨大荣耀。但女孩家里开始发愁学费哪里来。女孩的父亲是个盲人,是从外地来马尔康打工的;母亲是藏族人,也只有一只眼睛能看得见。她家里穷得叮当响,没什么能拿得出手换钱的东西,没法作抵押,也就没办法申请助学贷款。邻里乡亲给孩子凑学费,凑来凑去也只凑了四千多元,而女孩四年的学费大概要六万元。

这孩子非常懂事,为了不让父母为自己发愁,主动提出放弃学业,要到成都一个茶楼里打工。乡长(也是乡中学的前任校长)和校长得知这个消息后非常着急。后来不知从哪儿打听到我经常资助贫困学生上学,于是辗转到马尔康昌列寺找到了我。

听了这个情况,我就把手头这笔刚到账的稿费拿出来给她做了学费。后来他们还说了另外几个贫困学生也需要资助学费,我的稿费就这样分了。

像这样的事情,在我身上发生过很多次。有弟子曾对我说:"上师,您自己是个出家人,按照宗教传统是需要别人供养的,您反倒把自己的钱拿出来资助别人。再有这些事情,您不要自己掏钱了,应该说给爱心人士,让大家去做这份功德才对啊！"我就说："我觉得稿费用在这些贫困的孩子身上特别好，非常有意义。《与心对话》本来就是本心灵励志读物，就是鼓励大家要积极面对生活的。给出这笔稿费，孩子们不用担心学费，就能安心读书，知识会改变他们及其家庭的命运，想到这里我就非常开心了！"

其实我身上并没有太多的钱，常常是不假思索就把钱送给别人，送得太快了，往往自己这边就出现了短缺。

我珍惜每一分钱，但不会做守财奴。我希望把钱财都能用到该用的地方，发挥它们的最大作用。

假设角色替换

想要让自己的人生过得快乐，却常伤害别人，当别人反过来伤害自己时，人生怎会快乐、幸福呢？

我们应该好好想一想：为了自己的生存，我伤害了这么多的众生，假设角色替换，一个人被当成鱼肉来煎炸，定会痛苦。我们偷别人的东西，或是做生意赚别人的钱财，觉得非常过瘾，对别人的损失毫无感觉；当别人赚我们的钱时，我们就不太舒服。这是事实，因为我们被贪念蒙蔽而不自觉，常常只记得自己的利益，而对他人的痛苦无所感受。所以，当别人贪求时，我们会认为这个人真是贪得无厌；可当自己贪婪时，却觉得自己很有福报，以为自己贪得越多就可以得到越多。

如果我们遇到不如意的事，会很痛苦；如果不好的事降临在自己不喜欢的人身上，我们会很快乐。情绪不好的时候，骂人的话会从我们口中宣泄而出，还不许别人生气；当别人骂自己时，我们气得火冒三丈。别人赞叹自己，会觉得很欢喜；如果是实话，高兴是应该的，但即使对方讲的是谎言，我们往往还是沾沾自喜。这是人最脆弱的地方。人与人之间能互相赞叹是很好的事情，但如果不是自己常赞叹别人，却期望别人常赞叹自己，同时认为别人的赞叹都与事实相吻合，那么就要好好自我检讨了，因为人绝对不可能十全十美。假如我们用对方喜欢听的美言来沟通，能表达真正要传达的含义时还算可以；可是，很多时候光靠动听的言语无法表达真实的意义，而我们的虚荣心永远希望别人对自己讲好听却不实际的赞语。

一个喜欢挑拨离间的人，将本来相处融洽的团体、家庭、朋友或是夫妻拆散了，扬扬得意；当别人反过来用同样的方式对待他，痛苦一样会找到他。别人对我们说美言赞语，给予我们美好的东西，我们感到快乐；如果一个我们所不喜欢的人得到我们渴望中的福报，我们便不由自主地感到痛苦。为什么？这些本应该跟自己毫无关系才对，但因为不喜欢对方，便在内心种下恶根，便认为对方得到不该得的事物，因为嫉妒而产生的嗔恨心就马上起作用，到最后受伤害的还是自己。因为心里不平衡而产生种种苦恼的情绪，或因此造作不善的行为，必然会受伤害。

　　如果你所追求的快乐都是产生于谩骂别人的情况下，你所追求的满足是建立在抢劫别人、嫉妒别人或对别人傲慢时，那么这种满足是虚幻而短暂的。因为你所追求的快乐与别人息息相关，当你对别人充满贪、嗔、痴、嫉妒、傲慢时，反过来，别人也会用同样的方式对待你。所以，我们认为，对自己好的作为，反而会造成负面的效果，使你不安定、不快乐，也没有办法满足，更不可能产生幸福。

不要去接他的茬

如同硬币是一体两面，我们每个人都具备两种思想、两种风格。其中反面的是具有破坏的能量，当下的爆发力很强。也就是说，我劝说一个坏人做好人，和我立即用暴力让他做好人，当时来看可能后者的效果比较快，但这样是不会长久的，因为他只是暂时被我压制住了，并不是心甘情愿那么去做的。这样的压制，负面反弹的力量会更大，最后的结果可能就是以暴制暴。这个世界上，我们可以看到太多喜欢使用负面力量去胁迫对方的例子，试图战胜别人让对方归顺自己，延续到现在，没有平息过。而正面的力量虽然暂时在表面上看不到，但人都是非常需要有人关心爱护的，都需要友情、亲情等正面力量。如果希望别人对自己都必须完全服从，时间长了，就连最爱你的父母恐怕都会接受不了的，那其他人就更不可能会忍受了。

当一个人要欺负你时，就像一只手掌在天空中摇来摇去，你就不要伸手接他的掌；他的手独自在那里摇来摇去，最后疲倦了，自然会放下来。如果他对你不满意，你不要理他，不在乎他，视而不见，等到他疲倦之后，就没有那个能力了。

碰到有些人对我们不满意或有诽谤的情形，我们能慈悲就慈悲，不能慈悲的就不要管他，久而久之，对我们的不满意或诽谤就没有了。有时邻居关系不好、夫妻相处不好、小孩跟父母相处不好、老板跟员工相处不好，你要学会的是：如果觉得是对方无理取闹，就应该告诉对方事实是怎么一回事，把事情说清楚。如果负面的情况一直继续或重复，成了伤害，你就暂时不要见他——这是最好的方法。

当然，如果你有能力调伏他，就要调伏他，把他不好的习性改掉；也可以让他跟着你好好修行，改变他的思维。

如果还改变不了，那你就要衡量自己的能力，依能力而行。做不到，就不要去接他的掌，这也是一种修行的方法。

中国人常讲忍让，佛陀也如是说。因为最难修行的是忍，能忍则忍，忍不了就暂时让一让。要熟知对方的习性就是这样，过去了就会没事的，这样才不会造成对你更大的伤害。这是我们需要具备的心态，也是改善自己情绪的一个简单方法。

恶语伤人

一个人心地善良,但常常嘴巴不饶人,也会让人讨厌。

若有人对你说"我对你的心意是好的",但每次对你恶口相向,久而久之,你会讨厌这个人。所以,我们不但要有美丽的心,也要改善我们的语言。

我们知道该说的话语叫"善巧语言",也就是美好的语言。借由自己心念的转变,而改变自己的言行;尽量让自己的言语和身体随着善良的心走,避免伤害别人。

恶语伤人,倒不一定只是粗口骂人。例如,虽然某件事情是事实,但你直言不讳,且直言并不是出于善意,是出于一种伤害别人的想法,这也是一种恶口。有人有精神疾病或身体残缺,如果你直接挑明这点来说,让别人的心灵受到伤害,也算是恶口。有人以为不骂人就不叫恶口,事实上,有时候虽然讲的是忠言,但如果直接伤害到别人,即所谓"言语不带刀,却会让人心碎"。

一个人如果没有足够善巧的言词,认为自己是出于善念,讲得头头是道,结果往往变成是对别人的伤害。很多人就是不小心讲了一句话,造成别人一生的苦难,甚至断送了别人或自己的生命。

挑拨离间是伤人的利器。"好的语言不出门,坏的语言传千里"。尤其现在是高科技时代,语言不只传千里,传万里都有可能。恶口伤人和挑拨离间是现代人亟需改正的坏习气。藏族有"一只狗变成六只耳朵的狼"的寓言,汉语中也有"三人成虎"的成语。一个人打了妄语,开始没有人会相信;但是他多讲两次以后,别人会怀疑;如果三个人同时讲一样的话,后来的人由不得不信。所以,我们要谨慎,避免对别人造成这种伤害。

善巧的两舌

人在平常生活和工作中常常会说谎话,有时候是为了达到自己的目的而说恶意的谎话,有时候为了他人着想不得不说善意的谎话。这和说谎的动机有关。如果用真实的话语揭别人疮疤,就是严重的恶口,并不是真实语,也不是逆耳忠言,是罪过。这是需要善巧的。有一种善意的谎言可以允许,如果有人要杀生或伤害别人，为了要阻止他造业而说谎，是可以的。

在我们家乡曾经有两批年轻人，不知为了什么约好要斗殴，刚好我碰到其中一个带头的，就对他说，昨天我跟某领导吃饭，说是要严打，今天先让你们打架，完了就抓你关起来。他一听，怕了，就没有成行。类似这种谎言，不但没造成伤害，反而是种功德。

为了某种目的，对两者意见不同的双方挑拨，或者暗中对两个关系良好的人用离间语，促使两人心生怀疑和怨恨而分开，是非常不好的。但有些状况是准许的，比如有群吸毒的人，为了不让他们聚在一起，挑拨他们，让他们分开，这是很好的。我曾遇到一个所谓文艺圈的人带着一群二十岁上下的女孩子来见我，我就对那些女孩子讲这些文艺圈人的"坏话"，"挑拨"他们之间的关系；那些女孩坐在那里都在傻笑，标准的正在吸毒的人。我以前在国外，在监狱里教犯人佛法，对这些人都特别了解，所以要讲一些"谎话"，最好让她们远离这些唆使她们吸毒的人。同时，我也警告那些人："你这样害人，一定会下地狱！你再不改，我就天天诅咒你！"后来他们真因为吸毒被抓起来了。他不敢打电话给我，打给他一个朋友说："肯定是活佛诅咒了我……"我听了哈哈大笑，告诉他的朋友："你回去告诉他：'我会继续诅咒你！'"他们真是非常可恶，那些可怜的女孩子天真地以为通过这种方式取悦这些伪君子就能进入演艺圈，他们就是利用这种心态来害人。这个时候，如果从中进行一些"挑拨"，尽量让她们远离坏人，就是救了她们。

有些人跟我讲："师父，以后你来北京，我就不见你了！"我说："你为什么不见我？""我每次见你，带去的人最后都离我远去了，我带去的人都不愿意跟我在一起了。我以后不要见你了！"我就说："那真是一个好消息！"有时候教育小孩子也要用到"善巧的两舌"，比如他有一批好朋友和一批坏朋友，他要跟坏朋友在一起，我们就要经常挑拨他们，类似这样的做法是准许的。

人经常会撒谎，说谎说多了，连自己也骗了。我们要讲真话，不要说谎；如果是善意的谎言，也是被允许的。

所谓对与错，并不是我们高兴它对它就对，不高兴它错它就不是错。"十不善"是判断是否错误的标准，反过来就是正面的，"十善"就是正确的标准。有了这样的心态，我们就知道什么叫"诸恶莫作，诸善奉行"，不仅不杀生，我们还要多放生，多帮助别人，关爱别人，呵护众生，呵护众生所生存的环境。

亲仇之间

人生无常，一切都在变化，包括亲人和仇敌也不会是恒常的关系。

你无法确定一个人是否永远都是你的敌人、亲人或朋友。我们与众生的亲仇关系并没有真正的定义。

在现今社会，世间亲情愈来愈淡薄，为了钱财或微不足道的小事便伤害亲人的不在少数。许多父母将小孩当成掌中之宝，万般呵护宠爱，到后来这些因过度受宠而变得贪得无厌的孩子，反而成为父母最大的冤亲债主。很多伤害父母的孩子，不是因为家境不好，而是从小父母过度溺爱，要什么就有什么，形成我行我素的个性；如果父母有一次没有满足他的要求，他便忘记了父母已经对他付出成千上万次，将父母当成是世间最大的仇人来伤害。

有种人，你对他好一百次之后，绝对不可以对他两三次不好，因为他会借由后面几次对你的不满意，而将之前你对他无数次的好一笔勾销——这就是亲人。另一种人，你可以对他一百次不好，但只要对他付出一两次，他就会感激不尽——这就是仇人。其实，要满足自己不喜欢的人是最容易的，你平常对他没什么好话可说,有一天你讲了两三句好话,他就满足了;而好话讲太多,亲人反而会当成花言巧语来看待。

昨天是最亲密挚爱的亲人,今天可能是伤害的最大来源,而且往往会是最深最难以承受的伤害。因为我们投入了太多的心思,希望对方会以同等的付出回报;而当太多的奢望无法如愿实现,随之而来的伤害就会愈大。不可否认,这种付出其实就是一种爱,但这是一种执著、无明的爱;这种缺乏智慧的付出,回报常常会是负面的结果。

对于亲人,需要去关爱,前提是必须将执著放下。很多时候,关爱已经变成一种执著,当亲人受到伤害或遭遇困难时,我们会觉得比自己不顺遂还要痛苦。其实,这也可说是真正的冤亲债主,你对他因关爱而产生的痛苦就是一种还债。

有时会发觉,从前的仇人经过一段时间后反而成为帮助自己的大恩人。在修行上,仇人则可能会是个大助缘。很多学佛者、修行人,反观自性,在心灵上进步提升的动力大部分来自于令自己厌恶的人、事、物或环境。因为在这种处境中,可以更清楚地观察心遇到逆缘时所生起的波浪到底有多么惊人,并借此作为调伏己心的助缘。

对于众生应有的态度,古人比喻为"犹如婆罗门施舍一样"。婆罗门布施的时候,只要坐在他家门口,无论是富人或穷人,他都会一视同仁地平等布施。如果未能做到平等对待,不太可能做到真正的慈与悲。先放下对亲人的贪恋,再放下对仇人的嗔恨,然后能够平等看待,才能对他们产生真正的慈悲。

狗儿子与真儿子

有天一大早,有位女士敲我住的酒店房间门,我打开门,她一见面就痛哭流涕:"上师,我的儿子死了,我特别难过,实在是太伤心了,所以来找您。"我看她伤心成那样,就和她聊天,安慰她。我让她不要难过了,人死不能复生,想开点,别因为孩子去了,再把你自己身体伤了。她打断我的话:"上师,我那死的儿子不是人。"我说:"不是人,是什么?"她说:"我儿子是一条可爱的小狗啊!"我一听有点生气了,对她说:"你一大早跑到我这儿来,原来是为了一条狗啊?弄得大家都休息不好!"

她听我这样说,非常不高兴:"师父您怎么能这么说话呢?你们宗教人士不是宣传众生平等吗?小狗也是一条生命啊!您怎么用不一样的态度对待我的儿子呢?"看她情绪这么激烈,我马上向她道歉:"对不起,你说得没错,确实应该众生平等。我的态度不好,是我修行还不够好,请见谅啊!"

这个狗儿子的故事听起来很滑稽,却是现代社会人们缺乏安全感的真实写照。在这个时代,由于社会变化太快,很多人内心非常恐慌,严重缺乏安全感,人与人之间的关系也变得冷漠,在有的人眼里宠物比人安全得多。这个现象值得人们深思。

上述的是狗儿子的故事,说一顿就可以了;还有个真儿子的故事,就复杂多了。

曾有个弟子哭着打电话给我说,辛辛苦苦把儿子养育大,一直自认为母子俩的感情特别好,现在出了大问题。原来十七岁的儿子迷上了电脑游戏,没日没夜的,她就劝儿子少玩、别玩,两人常常争吵这个事。妈妈认为儿子对她是很有感情的,心里觉得很有把握,就把孩子叫过来,很严肃地说:"儿子,你今天必须做出选择:一、要是爱妈妈,以后就别玩电脑游戏了;二、要是不听话还玩游戏,妈妈就再也不管你了。你二选一吧!"谁料儿子竟毫不犹豫地说:"我选择玩电脑。以前我没有你我活不下去,我现在有能力可以养活自己了,我离不开电脑,但我离得开你!"她就气得呆住了。后来她再干涉儿子玩电脑,儿子真的说:"我已经选了电脑了。你不用再管我了。你可以赶我走,我也一样可以好好生活,我可以不用你了!"这个妈妈在电话那边悲痛欲绝,我安慰说:"不用哭了,现在的小孩基本都是这样,这已经是个社会问题,而不是你一个家庭的个别问题了。"问题在于,越是垃圾的东西就越是容易被迷惑、上瘾,很难去改变。但如果从小就生长在一个有信仰的家庭里会发生这样的事吗?绝对不会。因为一直在感恩的氛围中长大,不可能会对自己的母亲说出这样的话。

这就是现在小孩子的状态。人生的阶段差不多每六年一个大的变化,十二岁到十八岁属于叛逆期,说多了也没有用。他们这一阶段人格是分裂的,头脑和身体是不配合的,明知道对的,却不去做,明知道不对的,偏去做。那怎么对付呢?平常要少说,说多了他会反感,讲的时候要很严厉,即便当下没什么效果,也能印刻在他的头脑中。但不能放弃对他的关心。本来他叛逆,他表现得不屑一顾,其实他想要的,是用你最讨厌的方式吸引你注意他;如果发现你彻底不管他了,他会走向极端。所以,适当地还要让他知道你在关心他。要这样慢慢地引导孩子，让他回到正途。像一棵树，要慢慢拉伸，不能直接掰，会折断的。

照顾好父母就是大供养

在藏区，有些人没什么钱财，很贫穷，可他们会用自己的劳力来累积资粮。很多人拿着扫把，将一条条道路扫得干干净净。没有人安排他们去做这些事情，也没有人会付薪资给他们，可是，能给大众一条干干净净、没有石头障碍的道路，也是一种布施。

还有，当地方上盖庙时，很多人会义务帮忙，不求回馈，不管一个月、两个月或两三年，甚至有人一辈子这样发心做下去。我有个大伯，有非常好的手工艺，擅长木雕和切割石头。在嘉绒，他自愿参与建庙的工程，他认为这是上供诸佛最好的方式。有时候，地方上有人要盖房子，需要木工，没有报酬他也会去帮忙。他一直非常热心，大家称他为菩萨。他除了勤于奉献，平时默默做事，很少讲话，其他的时间就是持六字大明咒。他谦虚到连寺庙给他的一杯水都拒绝接受："家里有茶叶，我要喝茶的话会回家喝，这是大众供养寺庙用的，我不喝。"后来，他又从嘉绒到噶陀盖庙。只要能供僧众闻思修的事，他都去做。他始终觉得快乐、满足。有些人虽然有钱，却不能为大众做什么事；他虽然没有钱财，却可以无怨无悔地付出。

除了为社会大众服务，我们要好好照顾自己的父母，这也算是一种布施。父母养育我们，从婴儿一直到成人，即使我们老了，在父母眼中也永远是孩子。老人都从年轻时过来，曾为社会和儿女付出过；当他们失去工作能力时，有些做儿女的会嫌弃他们，觉得他们啰里啰唆、爱管闲事，老是障碍自己的理想和前途。藏族人有一句警语说："切记！小狗、小猫和小孩是人人欢喜的来源，老狗、老猫与老人是令人讨厌的来源。"这是一般人最会犯的毛病。但如果你是修行人，要将这句话修正过来："虽然小狗、小猫与小孩讨人欢喜，但是对老狗、老猫与老人，更要去喜欢，更要去照顾。"因为我们自己有一天也会生病，也会老去。要好好对待病人、老人，照顾他们，多讲一些好话给他们听，要把他们当成小朋友看待。这些都是不需要太多的金钱和能力就可以做得到的事啊！

布施不只是捐赠钱财去盖寺庙、医院和学校，或是救济穷人；只要有人遇到困难，不管我们用什么方式提供帮助，贡献自己的心力，这就是布施了。如果我们常常无所求地为人付出，那么，以后当我们有困难时也会得到别人的援助。你拥有多少能力，就去做多少事情。你有能力，像古印度富商一样，可以养几百几千几万个人都没有关系。如果没有能力，至少要学会观照自己的心，在日常生活中将正确的发心用到布施上。譬如，在吃饭的时候，想想身体里面有很多微生物和我们一起生活，把它们当成布施的对象。

百善孝为先（一）

中国有句古话"百善孝为先"，所有善行中首要的就是对父母的孝顺。没有人的恩德比父母对我们更深，父母对我们恩重如山。

父母的恩德是无边的，没有父母就没有我们。父母不仅生了我们，还费尽心血养育了我们。佛经上说："如果儿女将父母扛在左右肩上，围绕整个宇宙、整个大地，也无法报答父母的恩德。但是有个方法足以报答，就是让父母行善、学佛，让他们理解生命的珍贵，理解生命会延续地轮回，而让他们的心在感到无助时能够有个所依。"莲师也说："不要让长者灰心失望，要记得孝顺。"

父母一生中对子女付出了非常多的心血，虽然他们付出的方式有时不一定正确，但出发点"为儿女好"的心态是没有错的。当父母年迈时，容易灰心失望，因此不要去刺激他们的情绪，特别要避免语言上的违逆，否则这样的罪过很大。我们想要让自己和周围的人都幸福快乐，应该从孝敬父母开始，从周边的亲友开始渐渐扩大范围，希望每个生命都能够快乐地拥有福报。如果只是每天想着"我要利益尽天下一切有情众生，希望他们都得到安乐"，当有人处于痛苦之中，希望你伸出援手，你却视而不见，吝于付出，那么你的作为就和美好的愿望背道而驰，更不必说要实践救度一切众生的誓愿了。

我们发愿要利益众生，可以先从你周边的亲人开始。以前子女多孝顺，会想到父母亲有什么烦恼、会不会生病、过得好不好、需不需要帮什么忙；像这样常常会为父母着想的儿女，就是孝顺的人。但现在情形颠倒了，有很多往下孝顺的"孝子""孝女"，那就是如今的父母，常常会担心"我的儿

子现在缺不缺钱花""我现在需不需要帮孩子买房买车"等。很多人爱子女爱宠物胜过爱自己的父母。佛陀在《父母恩重难报经》中说,他的父亲往生时他去抬棺,又为了度他的母亲到三十三天,去修七七四十九天的法。佛陀虽然成佛了,还是非常孝顺。

我们有四重恩:国恩、父母恩、社会恩和三宝恩。要感谢生存的环境,感恩所处的大地,要热爱自己的国家,要报效祖国的恩德。我们的信仰能够在这个地方生存,要感恩社会为你的付出,而你也要为社会付出。作为有信仰的我们,所有的一切建立在对众生的慈悲上,要把所有众生当成自己的父母一样看待,孝顺父母。因为这些思想是从佛陀那里来的,所以要感恩佛陀,尊重父母,把对父母的孝心延续到社会,延续到整个国家,这个就是"四重恩"的概念。而孝敬父母则是我们应该先去努力的部分。

百善孝为先（二）

阿底峡尊者曾说过："对远来之客、久病之人，以及年迈的双亲能行慈爱之事，与理解空性有同等功德。"

远来的客人，不是指坐飞机从远方来的客人，而是指有人千里迢迢前来，在非常疲倦、得不到食物、得不到帮助的情形下，我们应该予以协助。即在有人得不到饮食、衣物时要伸出援手，比如关爱从偏远乡下到城市生活的人（如农民工）等。

一个人刚生病时会有很多人关心，久而久之，就会被忽略。真正用心照料长期卧病在床的父母或亲人，其实少之又少。所以，阿底峡尊者说照顾年迈的父母，是最能代表大慈的象征。

有些老居士讲："不要把我们送到老人院，就很满意了。"其实他们去老人院的机会也不大，目前属于中年的这一辈儿女不一定会送父母去老人院过孤独的生活。但是，对于年轻的一代，我们就必须要求自己做表率了。因为自己现在对长辈的所作所为，将会变成子孙们的榜样。如果自己现在做得不好，将来孩子也会学着自己的作为而对待自己，到时候就不能埋怨孩子不孝顺，因为他看到你就是如此对待长辈，没有一个好的表率让他学习，怎么能怪他们呢？我们要孝顺长辈，把父母照顾好。你好好孝敬长辈，就是儿女的榜样，儿女也会跟着你学，也会做得好，而这样的传统就是我们慈悲的来源了。

佛陀说："海水可斗量，父母恩重无法斗量。"你一念孝顺，供养一次父母，哪怕一丁点东西，这样的福德就超过你供养一百位高僧百千万亿年。这是真实的话，并不是比喻。孝顺供养父母的福德太大了，就算是苦厄命运，也根本挡不住福德。一个人说话不抵触顶撞父母，和父母说话柔声软语快快乐乐，供养父母，照顾父母的生活，无论是谁都会非常尊敬你，不敢障碍你，都愿意信任你、帮助你，你身边的贵人也就多了，做事也就会顺利很多。

 "老小孩"

一个人年纪大时，心灵上会比较倾向小朋友。就像对待小朋友需要哄，老年人也很需要人来哄。关怀的方式虽然很多，重点还是在心灵层面上。

关怀者必须有颗善良的心,让他明白你对他的关心,而不只是物质上的给予。和父母常常有心灵上的沟通,讲几句好听顺耳的话,对我们不会有什么大损失;或是用心选购一些贴心的小礼物,也很能表达关怀之意。可是这些很多人就是做不到。以老年人的状况来说,物质上的温饱不需要太多的花费,但是心灵上的照顾非常重要。如果只是常常塞一些钱给父母,却让他们孤苦伶仃地生活,到最后面临病痛时都没有人照顾,这不是真正的关心。他对你的所作所为虽然没有明说,离开世间时却会对你怀有怨恨。

关怀应该延长到每一个人的一生中。亲友活着的时候,就要对他们多多关怀,特别是当他们在病中即将进入此生最后过程时,不要有刺激他们的心态或行为出现。很多人认为,在病人罹患不治之症时,早一点告诉他事实,可能对病情会有帮助。很多医生也有这种观念。可是,从我与病人接触的经验发现,多数人对自己能活下去抱有很强烈的希望,如果我们提早告诉他病痛将会带走其生命的真相,会打击到他。这需要很多的善巧。

怎么会对最亲的人说最难听的话

无疑，我们最爱的还是自己的亲人，但常常爱得很辛苦、很无奈。人有时候很傻，对待亲人的态度总和对别人不一样，总这样想："他是我最亲的人，我不愿意在他前面掩饰，所以我就把所有的情绪发给他。"想想看，对方也是人，不是木头，你把所有的情绪都发泄给他，他能忍多久？除非他是菩萨，菩萨对众生永远都是忍。对方毕竟还是凡夫俗子，随着你每次对他的发泄，他对你的爱一直在减弱，到最后，原来关系很好的，现在有外遇了，要离婚。有人面对这种情况想不通，觉得莫名其妙："他之前对我这么好，为什么说变就变了呢？他怎么可以这样？"反过来她还要怪变的这个人。

其实主要原因还是在自己。你欺负他太久，他到了忍无可忍的程度，他也希望找到一个觉得很舒服、有安全感、温柔、可以依靠的地方，因为跟你没有办法，你只是把他当成一个出气筒。

所以，多数时候我们对待周围的人，情绪要有所保留。对待朋友、情侣或家人也是要如此，不能因为对方是我们最亲的人就毫无顾忌地发泄。

对自己最亲的人应该是什么样子呢？有时候可以对其发泄，但还是适当把自己的不良情绪收回来。我经常告诫弟子们，两口子吵架无论吵得有多凶，有些话是千万不能说的，因为有些话是会伤到对方心灵，会把心碎成一段一段的。既然他是你最亲的人，就更不应该用难听的话去伤害他。人发脾气的时候可以胡乱骂，可以胡乱说，对方多能理解，但应该有个底线的。

很多人发脾气时毫无理智，就会对最亲的人说最难听的话，把对方的伤疤一片片撕裂开。这样在不知不觉中亲情就淡了。这种负面情绪会一直囤积，他不是伟大的修行者，不会自己焚化，时间长了就是一大堆情绪垃圾；到最后，他的爆发力会显现，原来那个发脾气的人就会受到惩罚。

在一个家庭中，彼此要多留一点空间；即使是对自己最亲的人也一定要尊重，不能肆无忌惮。

为什么我们不跟外面的人发脾气？在外面，不敢这样对别人，因为别人会报复自己。为什么我们要赤裸裸地"砍"自己的亲人，要见到骨头才肯罢手？人有时候意想不到这些，还觉得自己爱他才会这样"砍"。这是很愚蠢的做法。很多人会这样做，特别是男人，在外面工作辛苦劳累，跟老板和员工都不敢发脾气，回到家里，就把怨恨情绪带回来了。

西方人在这方面就处理得特别好。不管遇到什么挫折困难，只要离开了办公室，办公室心情就结束了；回到家里就是他温暖的港湾，这里是他充电的地方，是感受亲情的地方，他会充分享受快乐。不管他多累，都会跟家人郊游、散心，过自在的家庭生活；他不会把工作和生活这两种情绪混淆在一起。

人不自私脾气好

很多时候我们明明知道这件事是不好的，但会不知不觉当中去做这件事情。

贪心也好，嗔恨心也好，妒忌心也好，傲慢心也好，都会随时随刻爆发。特别是嗔恨心，跟我执有关系，自私的我认为领地受到侵犯。这个语言是我能够接受的范围，现在你讲的已经过了，冲击到我了，等于是你在挑战我。乱发脾气实际上是一个保护自己的方法。你看有的动物，当它要保护自己的时候，会尽量装出自己很恐怖凶猛的样子，鸟类是这样，蛇类是这样。这是没有安全感的表示。人的脾气坏，是因为任何时候都觉得自己受到侵犯。表面要逞强，要用那种脾气、大吼大叫来压制住对方，实际上内心生怕受到伤害。唯一的方法就是不要去伤害别人，对周边的人用感恩的心。

自私的心必须解放出来，人越不自私脾气越好。为什么说"有容乃大"？他容量大，包容的心大，那脾气就会很好。脾气好的人，生活一般都过得舒服。我们要对周边的人和事用感恩的心。毕竟我们愿意对之发脾气的人基本上都是跟我们最近的人，对外人我们不敢发。我们是在不熟悉的人的面前控制自己，在最亲的人的面前我们就爆发了。因为有这样爆发，我们清楚他们不会害我们，但我们却深深伤害了他们。实际上，他们我们最应该感恩的人，我们的脾气在此毫无遮掩。

感恩的心是帮助我们破除嗔恨心的最好方法。心量要大。每天早上起来我们还活着，要感恩周边提供我们生存的人，一个人在世界上生存是不太可能的，要么是亲朋好友，要么是这个社会，大家要彼此扶持帮助。我们用感恩的心去面对每一个人的付出，每一点每一滴，包括我们所在的这个世界，那么心量就会越来越大，就会有慈悲心。如果还是控制不情绪，你要反省自己："我什么道理都懂了，为什么我的脾气还这么大？我们能不能反过来对自己发发脾气？"

没有罪过比嗔恨更重的，它会把我们以前所做的一切好事全给扫干净。你不信试试看：你可以对一个人好上几十年，有一天你用最恶毒的语言跟他说话，从那一分钟开始，你的形象、你以前的所有付出全部毁了；别人对你的感观完全改变，原因是你把自己的功德给烧完了。

我以前经常开玩笑：一个人喜欢发脾气，能不能留到三天以后或一个月以后再发，或者懒着就不发了。以前我们刚从藏区出来，雍忠阿阇梨因为一直在闭关，很多东西他都不懂，每次我就训他"你这个笨蛋怎么怎么的"。后来他就什么都很熟练了，我也不再说他了。有一天他开车，笑眯眯地看了我好几次。我问："笑什么笑？"他说："你好久没有骂我了。"我说："我不骂你，你不过瘾是吧？"他能把它当玩笑这么说。不能说马上一下子就改掉，一点脾气也没有，可以尽量把它拉长，尽量把它消化掉，化不了的也不要带着恨。发过脾气之后马上忏悔，别人也能接受，不需要留面子。我们大部分时候是被面子害的，这个也觉得不好意思，那个也觉得不好意思。有时候明明我们发脾气了，让人家受伤了，我们还放不下所谓的面子，明知道自己这样下去不好，我们还是坚持，伤害得就更久。特别是对自己的亲人，我觉得一点面子都不需要。

爱有多难

现在很多年轻的男女青年总是找不到合适的另一半，为什么找不到呢？还是一个"慢"字，是"贪嗔痴慢疑"的"慢"，傲慢。

每个人都有他各自的"慢"。有人喜欢看电视剧看小说，憧憬浪漫美好的爱情，这也提升了自己的"慢"，认为爱情应该是这样的，自己应该等待拥有——哪里有这么多美好的人物啊，即使是有，可能也是别人的。总是陷在里面无法出来，就会有障碍了。现在有些电视节目也宣传这些，都是在演戏，你却相信了，无限憧憬，就会有障碍。

我有个弟子，非常优秀，工作也好，性格也好，可他的太太却很苦恼，说"怎么会有这样的人呢？什么脾气都没有，一切都是那么完美"，她希望自己的先生换个样。这真是很奇怪，已经获得了别人认为的幸福却还在不满足。

我的一个表姐，年轻时非常漂亮，村里有个小伙子拼命追求她，天天去看她。一天，表姐正在烧火，他又来了，表姐就拿起正在燃烧的柴火当头就是一棒，小伙子缝了十几针，可伤好了还去看她。后来，两个人真的好了，成了一家人。现在表姐夫有时候会说表姐的脾气如何如何，我就说："其实从开始你就该知道了啊！那一棒子你都能忍受得了，怎么到现在忍不了了呢？那还不是自己千辛万苦求来的。"现在他们生活得很幸福。

当然，有的婚姻继续下去就是互相伤害，两个人都是伤痕累累，痛苦煎熬，就可以选择不要再继续了，这样对大家都好。

 爱的承担

我们处于外在的二元对立中，认知到一切的好坏情绪会导致自己快乐或不快乐，于是自然会喜欢能为自己带来好情绪的作为。

就个人而言，关爱自己是正常现象；但若是将我们自认为的快乐或幸福强加在别人身上，也许这不是有意识的期待，潜意识里却希望借此达到自己认定的理想境界，因而引起别人痛苦的感受，那么我们的作为就是错误的。因为，对自己真实的关怀，应该是在不伤害他人的情形之下，将快乐、幸福、平安等愿望实现在自己身上。

但是，爱与嗔恨，这两者的分别相很难拿捏。

为了表示爱，有时我们会产生强烈的嗔恨；有时我们自认为处处替他人着想，可实际上却以肢体动作或语言责骂的方式伤害了他人。尤其是我们常常以语言伤人，却无所警觉与节制，甚至不承认自己有所缺失。伤害他人的事，身体动作能做的有限，语言却可无限延伸。只要不满意，我们就会用恶毒的语言去攻击、挑拨，或说绮语，让别人从快乐或幸福落入无明之中，而渐渐远离幸福。

因为我们很少正确地反观自己，让"爱"或"关怀"掩饰了自己的私欲，无法优先考量他人的利益，而让自己所付出的"爱"或"关怀"扭曲变形。常有父母说打骂孩子是为了孩子着想，希望他的学习更上一层楼，最好是每次考试都能第一名，被最优秀的学校录取；但事实是一个学校或一个班级的第一名只能有一个，大家都想得第一，是不太可能实现的。适度关心子女是必须而且正确的，可过于执著，其实所爱的并不是孩子而是自己，因为我们是希望孩子达到自己预设的目标，来满足自己的欲望和傲慢心。

同样，对待家人或朋友，我们也常常自认为"我是为你好"，往往是对方的表现必须如自己的意，才会对他好；如果对方所欢喜的作为不如己意，我们就会产生非常大的反感或怨气。这种关怀方式，似乎不是在关怀别人，而是在关怀自己。

因此，如果没有正确的观念，会使得我们的关怀达不到预期，反而带来伤害。

 从水里救人要先会游泳

我们讲慈悲，不代表我们有能力改变一切；在积累资粮累积福报的过程中，我们的心胸可以无量地慈悲为怀，在祈祷念经时发菩提心，"我要度尽六道一切众生"。但是，当有些人正在做坏事、作恶，或受到果报，我们是不是有能力去救他呢？那要量力而为。

正常来说，我们精神上是慈悲为怀绝对没有问题。现在问题是，你根本不会游泳，有人掉到河里了，你明知道那水很深，如果你跳下去，两个人都会死掉。如果你会游泳，那你应该跳下去，虽然不确定你能不能救起人，起码你知道你跳下去

不会淹死。作为我们也是这样，看到别人业力成熟，我们能力范围内的我们当然去做，但明知道我们能力不及的时候，我们还为什么这么做？

我有个弟子就是这样，他有个朋友骗了别人很多钱，暴露后被追着讨账。他自身根本没有经济能力帮助朋友，却拿身份证去银行抵押十万元给这个人，这人说"感谢你啊，很快还你"，没多久就跑没影了，现在银行天天追着他要账，说再不还钱就告他。他拿一千来块钱的工资，多久还完？刚开始他去银行借钱的时候，我对他说："你可以去借一千块送给他，出问题了，你还债能还得起；你千万不要去借十万块给他，出问题了，你还不起这个债。"他说那个人会还自己，我说："他欠了那么多人的钱不还，会还你十万块？不可能。"他不听。像这样的，虽然有慈悲心，但是没有足够的智慧。

所以，我们要做悲智双运的人。一个暴徒在那里杀人，有能力的话，我们当然义不容辞去制止；我们没有能力却去干涉，就会多添个受害者。有时候我们根本不动脑，有人做坏事也去帮忙，有人犯法也去包庇，有窝藏罪，成了包庇犯。所以慈悲带着智慧。

在慈悲心上，我们念经、持咒、做善事功德，回向给他，这个没问题；付出言语、肢体行动时，你要三思，大脑要多转转，从不同的角度多想想：你承担得了吗？你有这个承担力，去承担，没有问题。

卷七 完满的境界

清净的信仰,这在佛教,尤其在密法里是很特别的境界。如果你的心是清净的,那么你看到的一切将会是清净的;如果你看到的是脏乱的,表示你的心也是脏乱的。不如我们意、不顺我们心的时候,要记得检讨自己的内心世界,自省是非常好的。

随缘是让缘分成熟

佛陀是梵文的发音，意思是觉悟者。所谓的觉悟，就是他的潜能开发到了完美的境界。释迦牟尼佛的智商和情商都已经开发到了一个完美境界，这就是觉悟，我们称他为觉悟者——佛陀。他觉悟了，明白万事万物都是来自因缘和合。

比如有个名叫嘎玛的喇嘛要来上海，大家在手机或互联网上发布信息，说这个人会讲中文，最好都能来听他讲课，通过他来了解佛教。很多人知道这个消息，最初产生来听课的念头，然后传播这个信息，直到确认要来参加这个聚会，是要付出很多的，诸如路上的辛苦、家人的阻碍、工作的耽误、经济的困难等，这各种各样的综合力量就是"缘"。

随缘，就是排除了以上种种阻碍和干扰后，最终得到圆满的结果，表示因缘全部到齐了，随了缘了。又比如其他人都到了，但你由于各种原因没有来，那么说缘分还是没有成熟。所以，随缘就是我们经过努力让这个缘分成熟。

很多时候，当我们遇到挫折困难、痛苦烦恼，就会说"这是业力啦"，别人就会说我们是宿命论者，把什么都归为业力。这是好事。如果一个人都不认自己的命，那他怎么去创造新的命运？我们常常由于对一些名词理解片面，就把它简单化了。如前面提到的"缘分"，需要综合那么多的力量：首先我要学习，然后有能力去讲课、传播；你们则需要福报和因缘成熟，有些是你们所看不见的，当然今生的努力你们是可以看见的。我们往往认为这些都是轻易可以得到的，把"随缘"看成了"随便"，做事情不做努力，就说"那就随缘吧"，其实是随便。我们讲因缘和合，是经过多方努力后创造出来的结果，不管是好还是坏都坦然面对，这叫随缘。

所谓的宿命是你自己播种的。大家都想要最好的工作，钱赚得最多，事情最轻松，没人来烦恼，活在快乐里。问题是这种局面谁都没有办法做到。承认做不到，承认有些事情是我们无法完成的，就是宿命。但是，尽管一个人做不到，有了两个人、三个人、四个人、更多的人，大家的力量合在一起，就可以创造出很多的东西来。业力的播种，我们无法改变宿命，就如同我们无法改变我们的出生，无法改变我们的父母。无论我们是降生在贫穷的山区，还是在繁华的都市，有贫穷的父母还是有富有的父母，都是环境在选择我们，而不是我们去选择环境，这就是所谓的宿命，你命该如此。但是，命只是一颗果实的种子，它要成熟，要让它长成怎样的果实，是我们可以去决定的；通过缘分来决定，通过众多人的力量，也就是我们常说的福报来决定。

福报，就是我们辛苦累积下来的种子成熟了，就是因果里的"果"，善的叫善报，恶的叫恶报，是同一颗种子累积下来以后不同的成熟方式。我们有很多东西不能选择，出生不能选择，父母不能选择。健康的父母不一定会生健康的小孩，残障的父母不一定生残障的小孩，这是由以前的业力来定的。如果没有因果业力，好的种子长出来的果实一定是好的。但这个是不可能的，它们只是借助了父母的一个躯壳而已，这个躯壳是好是坏是由我们自身的很多因素决定，而不是父母决定的。习气从以前带来，有的小孩一生下来就喜欢杀生，有的小孩看见动物就特别欢喜，去呵护去亲近；有的小孩从小脾气特别好，很安静，有的小孩则脾气暴躁。同一个父母生的孩子，性格、脾气都不可能一样，说明以前播种的业力对今生是绝对有影响的。出生无非就是换壳，从好的壳换成坏的壳，或者从坏的壳换成好的壳；但是，在成长的过程中这是可以改变的，要改变就需要力量。

心念的过滤

当一个人的心能够静，能够沉淀，然后安静地进入一个大慈大悲的境界，其内心世界的智慧是非常明亮的。可惜的是，很多时候它又像灿烂的阳光在天空中，被云雾遮住了。那我们现在讲修行就是拨云见日。如果有一杯混浊的水，怎么过滤干净？有两种方法：一个是快速的机械式的，一个是让它自然沉淀。这两种方法在密法里被称为：一个是用你的大智慧，用最高的智慧方式去把混浊的杂念当下净化掉，是用勇猛的方式；一个是让它自然沉淀，露出你的心性。

贪念也好，嗔恨也好，妒忌也好，傲慢也好，疑心病也好，最终是无明。无明上面有自私，一个我慢，一个所谓的我、傲慢的我，因为自私，想拥有很多东西，而且排斥很多。

在他想拥有和排斥的过程中，我们的心开始起浪。必须得先把这个浪破掉，让内心深处纯洁的那一面显现出来。这样的力量我们够不够？很多时候是不够的。一个小朋友生下来心很纯洁，就像有一片非常肥沃的土地，上面你种什么都会繁盛。你可以种毒品，你可以种药材，你可以种稻谷，也可以让它杂草丛生，因为下面的根器好，杂草也会很茂盛。我们需要在这样一个本身纯洁的心灵里，灌输最好的东西进去。但是，外面的共业，以及前世带来的业力，恶的部分占多数。你教他如何行善，可是社会、媒体等外在环境教给他的多是负面的，成长环境非常不健康。成年人也是如此。虽然在年纪上算是成熟了，总体来讲知道怎么分善恶，也不希望自己受到伤害，但仍不能完全控制自己。负面的付出是很容易的，正面的付出是相当困难。说困难，表示我们中毒很深了，佛教里叫习气，有了习惯性的生活方式和习惯性的思维方式。

无论什么念头，包括贪、嗔、痴、嫉妒、慢、疑，都是习惯。一开始你加以阻止，它还不容易增长，当你不阻止它，它就猛地增长，加倍地增长。在接受的能力上，我们都希望接受好的，但负面的接受多了，他就会去思考自己缺的那部分。人多数都是在寻找自己所缺的那一块，而对已拥有的很麻木。对于好和坏，我们渐渐麻木，不能正确看待和面对，因为无明把我们给遮住了。这也表示，人们对善恶的来源不了解，你希望的快乐，一切最好的那一面，别人的恭维赞美、对你的付出，都能够集中在你身上，却忽略了它们的来源。想要的都是最好的，最好的出路是行善，但你不懂，往往都是用造业的方式，比如希望自己在社会上有地位，可能不惜伤害别人的权益。不惜踏着别人的肩膀，让自己出头，其实每走一步所建立的敌人最后都成为你惨痛之因。

人活着，强调最多的是长寿，第二个是拥有健康，第三个是拥有财富，第四个是有很好的名声……造业我们都不喜欢，不好的业带给我们痛苦。比如我们并不喜欢杀人，但对让别的生命在世界上快速消失的方法知之甚多，问起行善布施帮助别人，可能会讲的不太多，这表示我们在负面的部分造得太多了。人会生很多疾病，你不要说"起码我现在身体没病"，身体没病，不代表你没病，你心里可能有病，天天都受煎熬，痛苦烦恼相围绕，比不伤害、不杀生的人多得多。

 还是现在不自在点好

对我们每个人而言,约束是很重要的。

每个国家立国后都会有一整套的法律出来,就是要约束国人不要彼此伤害。而我们受到的教育,是要约束我们不要去伤害自己的源头,不要去播种坏的种子,避免灾难。

我们的欲望越来越强,总是去寻找填充这些欲望的东西,吃的、喝的、穿的、精神上的,带来太多的心理压力,这些就是烦恼;我们受到的教育不是要去做别的事情,是要摧毁烦恼。

我们应该遵守的规矩,不是给我们增添烦恼,而是要帮助我们断掉烦恼。并不是说释迦牟尼佛是个虐待狂,这个也不让你做,那个也不让你做。有人说"我不信佛一身轻,学了佛就要这样那样不自在了",这是错的。让你"不自在"是让你以后不要有更大的痛苦,你现在的"自在"只能造成你将来更大的痛苦,所以还是现在不自在点好。

以前在国外,我面对面跟犯人谈过话。有一对兄弟去银行抢了几百万,他们的家境并不穷,抢劫后也是过了一年多才被抓,抢到的钱也基本花完了。他说刚开始计划抢了银行后就去买一辆世界最贵的跑车带着家人去游山玩水,抢完后才发现,

自己被通缉，不能坐车了，不要说人做不成，连鬼都做不成，一年多都是躲躲藏藏过日子，偶尔出门也是在凌晨一两点钟。"这就是我们的悲哀——在抢银行之前我们以为还可以过正常人的生活，完全忘记犯了法之后我们就不是正常人了。"这话我听了以后觉得让人深思。人在干坏事时没有考虑后果，之后才会后悔"当时怎么没有想到"；大部分人不会去想那么多，只会想做当下的事情。

如果欲望本身是一件好事

生命中的苦是多于乐趣的，我们所谓的快乐，多是努力了很久之后苦中作乐，在苦里面去选择甜的东西。可是有一天，我们突然发现，有些东西是我们把它像搅水一样，一直在那儿搅合，希望变干净，没想到轻轻放下后它又回归到自然平淡的状态，快乐和痛苦实际上就是在一起的。我们想找到快乐，所以一直搅拌我们的生命，到最后发现是越搅越混浊，越歇斯底里越痛苦，越想从这个枷锁里得到解脱越把自己绑得紧，因为

我们没有找到方法。

解脱的方法,就是把以前紧绑着我们的所有杂念、妄念、贪念、嗔恨、妒忌心、傲慢心、疑心等放下来。我们可以去学习去争取,争取的方式是智慧性的,用包容、慈悲的方式,得到后不是为个人的贪欲,而是为了跟众生分享,那我们的生命从一个小我将变成一个大我。

如果欲望本身是一件好事,大家都该努力去追求;但很多时候我们不留意观察自己内心,迫从于欲望带给我们的无形压力。为了实现自己的欲望而全身心地投入,这种对自我的执著、对外在的执著是最终造成一个人身心垮掉的源头。人拥有最美好的事物不是坏事,但看用什么方法去拥有;佛教讲放下并不是让你不要做事,一件事情值得去做,你就应该去努力去做。

所以,要学会放下。人到底是为了名利、金钱、权力而活着,还是名利、金钱、权力这些是为了人而存在,这个关系要理顺、要明确。欲望和所有的一切,是为了我们生存得更好而存在,我们不是为了它而存在。

既然我们是为了生存得更好而存在,那么在做事的过程中就要看这件事情是不是带给我们快乐。如果我们拼命地工作就很快乐,那是我们的表面现象还是发自内心的,需要判别。

很多时候，我们的思想就像海上因风而起的浪花：海上只要有风，起的浪是很高的；浪高不代表海水愿意这样跳起来，而是因为有风；风停下来时海是很平静的，越深的海越平静。

我们要明白，自己高兴是真的高兴呢，还是因为有别人的那些赞美和奉承而感觉很快乐。如果是因为别人的态度而感觉快乐，这仅仅是一种因虚荣心而起的浪花，不是真正的快乐。

所以，我们需要沉淀下来，反省到底什么在先什么在后，什么事情需要放下。要懂得：自己追求的各种目标是不是真的如自己想象的那么重要？到底给我们带来了什么样的快乐？思考后我们会发现，内心的需求很多都是虚荣心使然。为了满足虚荣心所做的，带给我们的快乐并不长久。这时候就要考虑把我们那些虚荣的想法放下了，放下后你会发现自己一身轻松，可以去寻找真正的快乐。

 "你是好样的"

很多时候，人不是光通过自己努力就可以成功的，还需要周围人的帮助和肯定。这就是我们所说的善缘。有时候我们会遇到一些违缘，成为我们成功之路上的障碍。就像我们对小孩子的教育，小孩子跌倒，我们如果只指责他"你怎么这么笨，怎么跌倒了，看你多笨"，孩子就会没信心。如果我们告诉他"你是非常勇敢的，自己爬起来继续往前走，再跌倒，再勇敢爬起来，你爬起来了，你是好样的"，这种鼓励对孩子来说效果就非常好。

我们努力精进以实现自己的目标，必须有很多的力量。这种力量来自于哪里呢？小时候是来自周边的亲朋好友、父母、老师，再以后就是我们所信仰的某一种文化或宗教了。信仰会产生强大的磁场，调动一切的资源，凝聚周边的能量，形成一股向上的力量，帮助我们实现目标。

精进努力只是成功的一个方面，别人的肯定也非常重要。在周围人肯定之前，我们先要做好自己，自己够精进够努力。如果我们总是等人家肯定，那又如何获知别人是否会肯定你呢？如果没有人肯定我们，是不是就该放弃呢？别人所讲的对我们有帮助，但这不是重点。做任何事情就像登山，最艰难的是最后那几步；我们常说最后那几步你坚持一下就可以跨越过去了，最好的情况是有周边的力量帮助我们走完这一程。

感恩所有人

让自己的生活变得美好、快乐、幸福,重点还是要感恩。若是学会感恩,世俗方面的嫉妒、烦恼、嗔恨都会消失。

其实,佛教是非常生活化的。对藏区的佛教徒而言,生活就是宗教,每天的所作所为都跟虔诚的信仰有关,包括每天的三餐,把一切都感恩佛菩萨的加持;而每天的所作所为,都尽量以佛陀所教导的去行事。处于现代社会的人很难做到这样,但可以学习随时随刻感恩。要感恩周边的人:没有员工,老板不可能成功;没有父母,不可能拥有一个人身……

有宗教信仰的存在,当社会动乱时会安抚人们的心,当社会安定时会引领大家用自己的财富帮助别人,这样会形成一个良性循环。否则,就像现在很多的暴发户,不明白自己的钱从何而来,以为自己很有能力,就轻视贫穷的人;而有些人也不知道别人的财富是经历如何的艰苦得来,有了仇富心态;这样一来,所有的人都变得不甘愿,一方面不知道财富来源哪里,另一方面不懂得把财富回馈给社会,中间形成了很大的隔阂。如果自身有信仰就会明白,播下的种子肯定会从田地里长出来,田地就是大众,当财富集中在他身上,他就知道要回馈给员工和社会，建立起良性互动。在西方，慈善事业就是用回馈方式发展，公司会有慈善基金来补充政府不周全的地方。

众生平等，当我们讲到爱和慈悲、亲情和友情等这些情感，每个人都喜欢，不只我们喜欢，连那些在监狱里快要被执行死刑的人，也希望在死之前还有人关心爱护他。这是每个人内心深处都渴望得到的东西，这就是平等的那一面；并不代表周围的环境是平等，但内心是平等的。

吃亏是福

佛跟众生的差别在哪里呢？佛永远都是为众生服务，到最后成就了自己；众生则是往往只为自己服务，到最后却使自己堕落、痛苦终生。不用担心付出后得不到回报，就像诸佛菩萨一样，付出了那么多的慈悲，到最后他们成为佛或菩萨；而众生没有跟随着佛陀的慈悲、智能来修行，所以至今还在轮回当中，继续被烦恼、业障捆绑。因此，我们必须要学佛法。

想就是愿力，要多发这样的愿力；但光有愿力仍然不行，还要付诸行动,叫行菩萨道。在行菩萨道的过程中,要常常反观自己的身语意(即言行举止和心念想法),看看自己是否真正去做了,是否真的舍弃了利益自己的心态,所作所为都是为他人着想。

想想看,你今天有一百元,如果能够将五十元无私地奉献出去,与别人一起分享,却不希求回馈,那种无负担的快乐是无法言语的。但是,如果你认为自己只有这么一点钱,给了别人十元就是一种付出,因而产生希望别人有所回馈的心态,这样就会倍感压力,只会有辛苦的感觉,而不容易有快乐。

如果能将这一切的努力与付出当成一种快乐的奉献,认为这是众生的福报所应得到的,而自己能够做到这些事情,非常快乐呀!很多人问我会不会烦恼,会不会有压力。我觉得没有压力,能做多久就做多久。有一天我不能做了,双脚一伸,后面还是有人会接续起这个责任。就像我,永远没穷过,原因是我本来就没有任何财物,一生所得的财富,都是从左手进来,很快又从右手出去,却觉得一直都富有、满足,因为我有种"随时可以拥有很多物资,也可能随时变成一无所有"的心理准备。这并非告诉大家我有多伟大,而是期许大家以一种无所求的方式去实践自己的善念,那么大家的福报会愈来愈增长。

如果你有这种不执著的心理准备,那就没有任何值得烦恼的事,因为你不预设未来将会拥有多少财产。当然,你们的财产是自己辛苦得来,跟我这种来自大众的供养不一样。但是很多时候,我们知道了"利益众生,到最后被利益的是自己",我们付出的时候会得到很多快乐。

不要暂时吃一点小亏,就认为自己被别人占了便宜。佛陀当时说要利益众生,但到最后也利益了他自己并且成佛了,而我们现在还需要靠他来度化。同样的道理,只要将自己的心胸开放,吃点小亏,也不见得是坏事,因为到最后过得平安快乐的是自己,而不是别人。因为你胸襟开阔,心情舒畅,没有嗔恨、嫉妒和贪念,心能"知足"便能"常乐",不会造业。今生没有做坏事造恶业,我们就会很快乐,以后会延续今世的福报而更快乐。

 己所欲,施于人

一个人从出生到死亡,所有的付出都是为了让自己欲望满

足，甚至很多人不惜牺牲最宝贵的生命。现在就要想：为什么我愿意为自己这样付出，也希望别人对我付出，却不愿意用同样的方式对别人付出？

当我们还是小孩子、年轻人时，希望长辈能呵护疼惜我们；可当自己长大成人，就觉得步入老年的长辈们讲话啰唆，做的事情也不合我们的意，愈来愈讨厌。想一想，当我们年老时，当然希望有人能帮助我们、服侍我们、孝敬我们，现在有人需要我们照顾时，我们怎么能吝于付出！就像我们生病，渴望有人来探视、安慰我们，期盼医生赶快医好自己的病，好让自己从病痛中得到解脱；可是当别人生病时，我们就躲得远远的，不愿意去接近，大多数人会对病房有恐惧感。要知道，人的生命有着相似的循环过程，现在这些我们所不喜欢的或想逃避的情境，如病人、老人、啰唆的人，再过一段时间，我们也会走上他们的道路。这些都必须深入思考，才能细细体会。

同样的道理，当我们拥有快乐、财富、权势时会非常满足惬意，所以，在别人拥有时我们也应该感到同样的快乐。特别是菩提心所要面对的，不只是一两个人，而是希望所有的众生都可以得到如此的福报与功德，同时有尽心力为他们付出的心态。古时候许多高僧都曾经告诉弟子们要学会一个法门，就是训练自己将所希望的或想拥有的给予别的生命,而自己不希望也不愿意接受的事物就不要给予别人。

我们对自己很珍惜,所以要用同等的心情与方式去对待别人。你付出如此伟大的爱给别人,到最后从中享受最多爱的还是自己。因此,要学会平等去看待每一个生命。

 ## 己所不欲,勿施于人

要知道,世间上每个众生,大到大象,小到微生物,无论体积大小,没有一个众生对着痛苦会觉得快乐,也没有一个众生会把快乐当成是痛苦。

用自己的身体来说明,最容易有贴切的感受。当别人把痛苦、烦恼、病痛、灾难等带给我们,我们不愿意承受,因为我们不希望拥有痛苦,不希望拥有烦恼,更不希望拥有灾难、病痛。如果你不希望拥有这些痛苦和烦恼,那为什么要把这些加在别的众生身上?所有的众生都想要快乐,都不想要痛苦。所以我们要注意:你不喜欢的事,就不应该对别人做;你喜欢的事,应该也要施予别人。

当我们对别人做自己喜欢的事,别人因此而得到快乐、平安和福报,这就是行善;如果我们将自己不喜欢的事加在别人身上,别人就会有痛苦、烦恼、病痛、灾难等等,这就是作恶。

善与恶的分别,不在于外在形象的好坏,也不是因为外在供养或布施物的体积大小,而是决定于内心的动机。

我们行为上或语言上造作的善与恶,大部分是以心为主导。当主导的心是以极度的贪嗔或是在无明的状态中而做,恶报就很大;如果是以善良的动机而产生福报,那个福报就非常大。如果表面露出笑容,可内在的嗔恨心很强烈,罪过很大;如果内在没有嗔恨,外在显露是一种嗔相、恐怖相,这个罪过会比较轻。如果是以慈悲心,为了不让别人造恶,为了对方好而露出恐怖相,不但没有罪过,而且有功德。又比如有人捐了一亿,另外一个人捐了一百元,如果在心念上两个人都是非常慈悲地以菩提心来做这件事情,功德会有大小的存在;可是这种大小不是因为他们所捐的钱数大小来决定,而是以他们能力范围内能付出的比例大小来决定。

 洗心革面

应用了佛法的生活,每天都会有滋有味,如同菜肴中加了一点调料,我们的生活就生动起来,烦恼可以变成智慧,困难可以变成善缘,敌人可以变成老师。

一直以来我们认为,作为人,我们是有思想的高级生物,思想到底在哪里,我们不去探求,反而会具有"有思想"的招牌,到处去证明。于是,人变得忙碌。我们的耳朵不能闲着,所以必须灌满耳朵;我们的眼睛要懂得发现,于是就观察各种外在的事物;忽略的是我们的内心。究竟是什么主导了人?不是外在的眼耳鼻舌身意,更不是它们所感知的色声香味触法,而我们是多么在乎这些外在的形式和自我的感知,"我执"变成人的标签。

比如现在我们煮一锅水,你更关注锅里,还是锅外呢?锅外面是不是有油垢污渍对我们的健康影响大,还是锅里是不是刷洗干净对我们的影响大?我们的回答一定是:"锅内要刷干净,水也要用干净的水。"可是,我们每天都把自己洗得干干净净,衣服也要穿得整整齐齐,却很少去想是不是每天也要洗洗心。古人留给我们很多宝贵的哲理,比如"洗心革面"就

是告诉我们，只有把心洗干净了，人的精神面貌才会真正发生变化；如"知人知面不知心"提醒我们，对一个人的了解，不能仅仅依靠外在表现进行判断，因为你很难尽知对方的真实想法。人类作为高级生物的品牌性标签"思想"和人类自己最难把控的"心"，才是我们应该多去深入思考的内容。

　　有思想的我们，到底是幸福的，还是痛苦的？如果你感觉到痛苦，很遗憾，你无法选择去做木头；要从迷茫中解脱出来，要从痛苦中挣脱出来，你只能改变自己。太多人抱怨这个社会，却不从自己开始改变，如果更多人明确自己：要做一个幸福的人、一个有感觉的人、有正义感的人、有善念的人，这本身也算一种信仰，那么这些人一个加一个就是团体，团体加团体就是社区，社区加社区就是社会，谁说我们不能改变冷漠？我们完全可以！因为不是社会冷漠了，而是我们没有告诉自己："你有责任去改变心中的冷漠。"

　　当你从心里喊出"改变"，呼唤"善良"，一切都在开始变化。让自己快乐的源泉，就是无私的付出，所有以前不相信的人也许抱着"试试看"的心态，大多数都变得快乐起来。通过系统的修行，不仅为心找到了家，而且有更高的目标，即"为了利益一切众生，修持善法，直到成佛为止，信心永不退转"。

 加持是心愿力量的汇集

为什么经常说"请上师加持",这是一种能量传递。两千五百多年来,无数学生都学会了老师教的内容,甚至超过了老师,获得和老师一样的成就,但是,老师的学问一点都没有少。随着他的教育,老师的学问也在增长,我们每个人身上都拥有了老师所教的一切。

当我们学会了老师的本领,开始使用这些本领,走向社会,实现自己的价值,这些是谁保佑的?是我们保佑了我们自己。如果没有老师,我们会有这些才华吗?不会。所以从小我们就非常感恩老师。其实一方面是老师给了我们很多,一方面我们给了自己这个学习的机会。

我们要正视一种力量的汇聚,一个人的力量有限,两个人的力量,三个人的力量,很多人思想集合起来的力量,就可以创造并使世界发生改变。我们经常说"某个地方是圣地,许愿特别灵",这其实也是心愿力量的汇集。所有的人到这个地方都发最好的愿力,想要得到佛菩萨的加持,拥有这种想法的人越来越多,就会变成一股力量,这个地方就会变成圣土。它会反作用给到达那里的人强大的磁场,所有去过那里的人也都会

得到它的加持了。

内心很快乐的一群人，坐在一起嘻嘻哈哈聊天；进来一个愁眉苦脸的人，不到半个小时，他也会快乐起来，因为他一个人的愁眉苦脸斗不过众多快乐的力量。但如果一群人坐在那诉苦，两个快乐的人进来，不到半个小时，这两个人就开始各自诉苦了，因为周围坏的磁场氛围会影响他们两个。这也是所谓的加持。

当然，佛菩萨的加持力并不是我们讲的这么简单。佛菩萨的加持不可思议，所有对我们的保佑，我们看不见。就像空气一样，我们谁也看不见空气的存在，但它一出问题，每个人都会有问题。

有些人喜欢说："我相信科学，佛菩萨现在看不到、摸不着，不能证明他们的存在，所以我们就不相信。"不要用我们凡夫俗子的心去猜测。虽然无法触摸，但只要你用心去感受他的存在，你就会发现他无时无刻不在，无处不在。当你需要的时候，他就在那儿，当你不需要的时候，他也在那儿，因为你心的皈依，增长了智慧和福报，总会找到答案。

如果想要让心找一个家，让自己的心和思想充实，生活得快乐，做一个善良而有益于社会的人，那就要找一所好学校。

我们这一生能遇到这么伟大的学校——佛教，一定要想办法进去学习，不能总在外围当个旁听生啊！你现在有一个机会登记进入名校学习，你为什么不去啊？登记，就是所谓的皈依。

清净的信仰

　　清净的信仰，这在佛教，尤其在密法里是很特别的境界。如果你的心是清净的，那么你看到的一切将会是清净的；如果你看到的是脏乱的，表示你的心也是脏乱的。不如我们意、不顺我们心的时候，要记得检讨自己的内心世界，自省是非常好的。

　　所谓的"圣地"，并不是说那里有很多修行人聚集。印度很多佛教圣地，现在都是残垣断壁，甚至里面和外面住的根本不是佛教徒，但人们还是会去那里朝拜，去那里感受。

　　在佛教史上，曾经有多少佛或高僧大德在圣地生活过，我们用他们当时的生活感受勉励自己，就会对他们产生信心。在那里，我们真实感受到世事无常，过去的辉煌，释迦牟尼佛住世时诸佛菩萨能在天上飞、能在水中漂，到现在只剩下神奇的传说。

也有很多朝圣的人在这里依然可以看到清净的极乐净土。

清净观非常重要。如果你认为自己是个凡夫俗子，你去朝圣，得到的加持也就是一个朝拜的加持力；如果你认为自己是个纯洁的充满菩提心的佛弟子，来到一个肉眼看起来脏乱的凡间所在，但心中很清楚，真实的圣地不可能是这个样子，它本身就是佛国净土，不会是现在我们看到的情景。就看我们的业障清不清净：没有清净，我们就只能看到普通的山；清净了，看到的就是佛国净土。

在修行的过程中，必须要把我们自身、自己所住的地方、所学的佛法，以及传法的上师等所见所闻所思所想，应用清净观。

观世音菩萨的手

通常情况下，如果大家相互认识，你有苦难我会很难过，你有快乐我会很高兴，因为我们很熟悉。但是，我们的思想不只针对一个很熟或者不熟的人，对自己好的人、不好的人或仇人，甚至与自己不相关的六道一切众生，我们都希望他们远离痛苦得到永恒的快乐，这个就叫"慈悲"。

慈悲为怀的"慈"和"悲"，两个字是分开说的。慈，是给予安乐。悲，是拔除苦难。"慈悲"是希望每个有生命的众生不要有苦难而拥有快乐。我们常说的"喜舍"是平等舍和快乐。平等舍是不要有分别心。如果我和你关系好，我希望你快乐，如果你是我的仇人，我就希望你越来越倒霉，心里诅咒；但是，当你真正学佛后你不敢这样想，因为你在诅咒别人时是你自己在造业，人家没有被车撞，你可能被车撞了，因为你心中的恶念会造就很不好的结果。

以前我们不明白，这样做了，无所谓；现在我们明白了，在播种的时候就把它断掉。人不可能不起心动念，觉得这个人看不顺眼，心里嘀咕骂几句，有点嗔恨心、妒忌心、傲慢心，这很正常；但是，当念头产生起来，我们不要让它们延续。

历史上大乘佛教存在的区域以中国为主，号称"家家观世音，户户阿弥陀"。观世音菩萨是与中国人最有缘分的一位菩萨。观世音菩萨的净土普陀拉的象征普陀山就在中国境内。中国拜观世音的人比其他任何一个国家都多。

经常看到的观世音菩萨像有很多种，观世音就是观世间众生的声音，没有分别心，没有喜欢或不喜欢，只要众生祈求，他就一视同仁对待，听闻所有众生的声音，看所有的众生，然后一并解救他们。观世音菩萨在因地发大愿，天下的众生没有度尽就决不成佛。有一次观世音菩萨以为已经度尽天下一切众生、功德圆满时，再回头一看，地狱又满了。不管怎么度，地狱都是满满的，地狱众生毕竟有地狱众生的业力，菩萨不可能代替他们把业力消干净，那时观世音菩萨就有点退转信心，心想是不是发愿发错了，是不是发了个不太可能的愿力。由于信心退转，观世音菩萨的身体裂为碎片。他的上师阿弥陀佛加持他的身体，重新聚合成千手千眼观世音的形象：让他拥有千手，拥有一千个转轮王的能力；每只手掌有一只眼睛，让他能够看到所有众生苦难并去解救他们；拥有十个头，象征从初地菩萨到十地菩萨；最上面是佛头，代表他实际上是佛。这就是千手千眼观世音菩萨的来历。

在佛教史上，唐朝以前观世音菩萨都是留胡子的大丈夫相，唐朝以后就渐渐演变成女相了。当然，菩萨无相，也没什么不可以。佛经中有一个故事，讲观世音菩萨因为慈悲众生而流眼泪，从第一滴眼泪到第二十一滴眼泪变成了二十一位女菩萨，即二十一度母，一般讲度母是观世音菩萨大慈大悲的眼泪化身。后来大家把观世音和度母混淆了，度母的形象代替了观世音，所以现在内地看到的观世音都是慈祥的母亲形象。送子观音、救苦救难观音，佛经里一般都是指度母。"欲求儿女得儿女，欲求财富财丰饶"，这两者本来就是一体的。

藏传佛教里比较多见的是四臂观世音，两只手在胸前合掌，中有摩尼宝，次左手拿莲花，次右手拿佛珠。四只手臂象征慈悲喜舍，其中舍是第一位的，叫平等舍。凡夫俗子有分别心，爱恨情仇分得很明白。观世音菩萨的平等舍，是没有这种分别心的。不管喜欢还是不喜欢，哪怕是仇人，作为佛教徒在修行念经的时候，一定要具备"度尽一切众生，让他们脱离痛苦，脱离轮回，究竟成佛"的念头，不能有分别心。

另外，希望所有众生远离苦难，不管地狱、畜生道还是人世间，都能脱离身体及精神上的痛苦和烦恼，这种希望众生脱离苦难的思想，叫"悲心"。

慈和悲是分不开的：希望有痛苦的人能脱离痛苦，希望有病的人好起来，希望有劫难的人远离劫难，这是悲心；不仅希望众生远离痛苦，还希望他们能快乐、平安、祥和，能得到想要的一切福报和身心健康，这叫慈心。

不要奇怪观世音为什么是四只手，这只是告诉我们每个人都有很多只手。我到工地，跟木匠在一起我就变成木匠，他们会讲"师父你这个木匠怎么做";去看石匠,石匠会说"活佛,这个石头怎么切,你觉得怎么好看",又变成石匠了;一会儿又到法座上讲经说法,那又变回是法师了。玩电脑的难道就不能玩勺子吗?炒炒菜嘛!你会经商,难道不会扫地?观世音菩萨很明确地告诉我们,一个人可以有很多用途。而我们常常死脑筋,只会做一种东西,每次都把自己定位在某一个我是做什么的,如"我是做IT的我就不能做贸易了,做贸易我是不懂的"。我们可以让自己做全方位的人,人都有这个本能,只要有需要,就可以改变。就像观世音菩萨,付出你的大慈大悲大爱,你有那么多分别心干什么呢?

观世音菩萨有这样的大慈大悲,他多数是以最慈祥的形象出现的。当众生不能用祥和的方式去调和时,观世音菩萨会用其他方式来示现。有个观世音像长得特难看,叫马头明王,青面獠牙,脖子上有一马头。这是什么意思呢?马有承担,永远都是任劳任怨。有个故事说,罗刹喜欢抓人来吃,于是每天早上观世音菩萨会幻化成一匹白马,谁抓住他身上的汗毛就可以得到解脱。

或用祥和的方式调服众生,或用愤怒的方式调服众生,这就是大慈大悲的观世音菩萨,四只手象征"慈悲喜舍"——

希望所有的众生都不再有苦难,希望所有的众生都能够得到快乐,所有众生不要分我喜欢你或我不喜欢你,平等看待每一个众生,我喜欢你也得成佛,不喜欢你也得成佛,你是人得成佛,你是动物也得成佛,你是鬼也得成佛,希望这种快乐永久维持下去(喜)——慈悲喜舍是爱的最高境界。

 价值是在往外奉献时得到的

不要小看自己。

每个人来到这个世界,都有潜能,不管你身份贵贱、文化高低,都是一样没有差别。只要你愿意奉献,无论是你的体力、脑力、精神、物质,都可以帮助到周边的人,这是我们内心可以爆发出来的能量。

但是,我们常常吝啬。比如一句好话能让很多人欢喜,但大家好像都不舍得赞美别人,只会拍官员或老板的马屁,用尽所有美好的语言。问题是人家听得出你讲的那些是假的。对需要赞美的人我们又很吝啬,而语言是不需要资本的东西。

在国外，有很多人在周六和周日到医院，不管是富人还是穷人，都穿着黄色马甲帮助别人，帮不会写字的写信，帮不认识路的人引路，搀扶生病的人，就做那么简单的事情。还有的到养老院、孤儿院，高高兴兴做一天的义务奉献。这不是说我们有钱的捐点钱，这不是钱的概念，这是自己的那种价值。

我们在这个世界的价值是在往外奉献时得到。如果你不明白这点，只是为了工作、家庭，你就会发现你的世界越来越小，你的心境也越来越小，最后当你迷茫和无助时没有人来帮助你，因为你从来不去关怀人；你和外界接触也少，人家想关怀你也不知道你在哪里。

在国内，我们很多弟子也积极参与当义工。记得二〇〇一年刚回国时，看到深圳的海边到处是垃圾，大家去那里游泳，乱扔垃圾。我就带着弟子去，跟他们讲"你们去把那里的垃圾捡干净，把海滩做漂亮一点多好"。我们在外面已经习惯了不觉得怎么样，对他们来讲一开始压力真大。我最初叫他们去，没有一个人愿意去。结果我说我带你们去。他们说："师父，我们这样'做作'太可笑了吧？"我和他们讲："这不是做作。你慢慢捡，你捡多了，人家就不敢丢了。"有的弟子刚开始还不大好意思，带个大墨镜，太阳帽也压得很低，低着头捡。我和他们说，这是一件很光荣的事情，把帽子和眼镜拿掉。他们怕碰到熟人，我说，碰到熟人怕什么，捡垃圾是好事。

卷八 快乐不仅仅是心情

"你什么时候是最快乐的？"

"穷光蛋的时候最快乐，因为我什么都不用想，没有钱就没有烦恼。"破除了我执，就是增长了智慧。当分别心逐渐破除后，在短暂世间可以获得人所能具备的一切福报和快乐，究竟上可以得到永恒的快乐。

快乐的人是向善的

世上快乐的人，心灵层面都是向善、超越自我、能为他人着想的人；一个自私自利的人，他的心会慢慢堕落，常常以伤害别人来达到自利的目的，结果会众叛亲离。一个人应该要有自信，但过于执著自我就是一种伤害。因此，要将心灵往上提升，转变贪心、嗔恨、嫉妒所造成的烦恼，就必须从"对心的理解"及"为他人的付出"来改善。

我们每个人内心中，灵魂最深处最完美的那一面，具备了慈悲以及智慧。但随着我们跟外界接触，"人性本善"中善的一面越来越模糊。我们希望人们付出的是人性本善的那一面，但在奉献方面我们又很吝惜自己的善，不愿意去救助别人。哪怕是讲一句简单的赞美语言，我们都很吝啬，很难讲出来；反过来，说恶口伤人、挑拨离间的话，好像容易得不得了。

正面的表达爱意的语言很困难，原因就是我们一直以来形成的习气，希望收到正面的，付出的却是负面的多。拥有了一些名利，就以傲慢心排斥不如自己的人。有时候不能确定某件事情到底是不是他能够争取的，就会猜疑。得到后产生傲慢，得不到后产生嗔恨，这些都是我们的烦恼。别人的言语行为，都可能使我们的心灵产生很大的波浪，慢慢地就把人性本善的一面遮住了。

有智慧的爱心才是真正的爱心。而善良的心有如肥沃的田地，若不去播种、灌溉，一段时间后也会生出杂草。智慧和爱心不能只停留在内心，必须付诸行动，要让善良的动机化为自利又利他的行动。

如果别人对我们做的事，让自己感到很欢喜，那么就要常常对别人做相同的事情；如果别人对我们做的事让自己不高兴，我们也要避免做同样让别人不愉快的事。

什么时候最快乐

曾经有人问我:"你什么时候是最快乐的?"

我回答说:"作为僧侣,穷光蛋的时候最快乐,因为我什么都不用想,没有钱就没有烦恼。"

早先,有人给了我几万块钱的供养,我的烦恼就来了:这几万块是拿去印经书课本呢,还是用来维修寺院?或者是拿去帮助一些孤寡老人家?那个时候关于钱的用法有很多想法,也就产生了很多的烦恼。后来弟子多了,供养多了,烦恼也就多了。比如我喜欢看书,有些弟子就供养给我很多书,这些书放在哪里又是我的烦恼。所以要让一个人不快乐,给他财物就可以了!

贪念并不一定是对钱财而言,很多时候我们都会对自己没有的东西产生贪念,贪念是获取和拥有的"动力"。有一些贪念我们是可以控制住的,有一些贪念是我们很难控制的。

我有个弟子,跟我学习有十多年了。以前他没有钱的时候,就说:"等我赚到一百万,我就会专心修行。"后来他有了一百万,又说:"唉!再多赚一点吧,要不晚年没有钱用怎么办?等有了一千万我再去潜心修行。"过了两年,他有了一千万,这回他的目标是一个亿。很多时候人是会这样的,欲念会不断地增长。

  一般来说,除非有特殊原因,否则人是饿不死的,反正不管用什么方式生活也可以活得好好的。就像非洲人,他们用自己的方式可以生活,反倒是我们觉得以他们的方式根本无法生存。又比如住在偏远山区的人,好像没有什么可以赖以维生的,但在那儿的人活得好好的。从他们的角度来看,反而会可怜我们有些人,生在这么富庶的地方,住那么高级的房子,又吹冷气,又有电话,日子过得真不错,可心里却还有那么多的痛苦。

  以前我们在藏区赶着牦牛马匹在雪山草原上奔波,过夜就搭个小帐篷,这样的日子还是觉得很快乐。快乐来自于哪里?就是满足心。现在生活越来越好,有豪华的车子开,却不像以前那么快乐了。虽然这样,藏区也不可能一直停留在原始状态,也要与时俱进;只是要在发展中尽量用合适的方法,保证社会的良性发展。

为别人高兴

别人做了好事，我们跟着高兴，会习惯性地说"随喜随喜"。有些时候，别人有了好事，我们却无法做到跟着高兴，心里会不舒服，酸溜溜的。比如说，我们身边有个人突然挣了一笔钱，买了新房或者新车，周围的不少人心里是不舒服的。

看到别人发财，心里酸溜溜的；听到有人赞美你旁边的人，心里就特别不舒服。这就是妒忌心，男女都有。有人甚至会想到"赞美我旁边的人，是不是故意要贬低我啊"，这样一想，烦恼就来了！其实，我们仔细体会，妒忌心带给我们的那种酸溜溜的感觉，是一种"痛"。如果不想要这样的烦恼，不想要这样的"痛"，那么我们要学会为别人所拥有的高兴，他所拥有的任何一个好的方面，我们都要为他高兴。

你观察到自己心里不舒服，就要这样想："我每天发愿都希望所有的众生获得快乐，现在人家获得这种快乐了，我干吗不高兴呢？我应该更高兴才对呀！起码有人已经不用我给他们快乐，他们已经快乐了。"当我们这样去想，就会衷心随喜别人。要知道，随喜别人，自己也是可以得到福报的；反之，妒忌别人会为自己带来苦报。当你做一件事情，处处不顺，很可能就是苦报的显现。这个时候不要怨天尤人，应该好好反省自己以前嫉妒别人的过失，并去忏悔。

无论世间法还是出世间法，无论对普通人还是对佛菩萨，只要是正面的一切善事好事，我们都要随喜。这不容易做到，但你们一定要开始这样去做，学会这样去做，因为这是快乐的源泉。

助人为快乐之本

有能力帮助别人是很快乐的，很有福报。比如施给饥饿的人一口饭，给他十元、百元，及更多的财物；寺庙募款、灾区急难救助、随喜认捐的种种善事，都属于财布施的范围。布施时，以非常清净无私的心奉献，不管布施多少，都有很大的功德。布施的重点在于清净纯正的发心和动机，不在于布施财物的多寡。一个很富有的人捐出上亿的钱财，一个很贫穷的人布施一百块钱，如果两者的心都很纯正，两人的功德是同等的。

不可以用傲慢、嫉妒或嗔恨心来施舍，这样就没有什么功德可言。如果有一个富翁,看到有人捐了十万,为了要和别人相较高下,就捐出一百万,因为他的心已经不清净了,他所做的功德就不大。我们布施的对象不一定限于人类,只要是有生命的众生,都是布施的对象。佛陀在《三蕴经》中说,只要施舍动物一口饭吃,也可以获得很多善根功德。有时你到了山上或郊外,施食给小鸟或流浪狗,甚至喂食家里圈养的牲畜或宠物,给它们温饱,都是布施。

以前发生粮荒的时候,有很多乞讨的人潮。因为饥荒过久,为数又众多,很多有积粮的人都不愿意再布施。有一次,有个人流浪到川北嘉绒这一带,非常疲惫,来到一户人家门口行乞。这家男主人很想给他一些食物。因为这个人穿的衣服不错,女主人不确定他是真的乞丐,所以不愿意施给。后来这家男主人偷偷塞了一个馒头给他。好几年以后,这位施主到了成都,走在街上,突然旁边来了一个人,握住他的手说:"你还记得我吗?"他说:"不记得了。"那个人说:"以前我做生意被抢劫,遇到饥荒,到处流浪,走到你家门口,当时快要饿死了,幸好你送了我一个馒头,让我活下来。我一直想报答你,可是没有机会;今天刚好遇到你,我一定要报答你当时对我的恩惠。"临走前赠送了他一个金元宝。

藏族人常说："一个人最大的福报，来自于别人的祝福，尤其是来自濒临绝望的人发自内心的感恩所给予的祝福，这种福报极其殊胜。"如果你能带给一个对生命绝望的人以希望和快乐，他那种出自肺腑的感恩之情是无法言喻的，他衷心祝福的力量所带来的福报会很快成熟。如果我们遇到贫困饥饿或其他痛苦的人，虽然我们很难明白真相，但在不影响自己的生存下，应该以纯净的心尽可能地去布施。

现今有人倡导器官捐赠，这是好事情，类似非常大布施了。很多身体健康的人，自愿捐赠器官，救助和自己没有血缘关系的人，这种布施没有大胆量的人是做不到的。还有，大家常常献血，千千万万的人受益，这种布施是很值得赞叹的。

有人在布施时会怀疑行讨对象的真假，其实，如果我们已经产生布施之心，就不要担心对方是否值得布施。如果我们的心很纯净，布施出去时功德就圆满了；不需要探究对方的真假，那是向你求乞或托钵的人他们自己的问题，和你的布施是不相关的。这就是中国人讲的"真布施不怕假和尚"。

 知足者常乐（一）

很多人享福的时候心存骄慢，不管拥有多少，总觉得不够，心中永远没有满足的时候。有的人虽然有庞大的财产，却常常觉得自己一无所有，习惯紧紧守着钱财，舍不得用来做对自己今生或来世有意义的事。如果你让这些人去布施累积功德，他会说："等我赚到更多的钱再说吧！"在藏区这种人会被评论说："这些人活着的时候已经拥有很多的财富，还觉得饥渴、不满足，在现世就感受饿鬼道的等流果啊！"更多的财富只会带给这些人无止尽的欲望，而无止尽的欲望带来的是更深的痛苦。

很多人不知道自己现在所拥有的福报都是前世所累积的功德，是取之有限的，如果不好好珍惜，不懂得惜福，会很快用尽。就像我们将钱存进银行里，如果经常去提款取用，而不续存，总有一天会用完。珍惜福报的人，懂得不断累积资粮，让福报不断增长；不珍惜福报的人，就会开始衰败堕落。所以，我们应该要常常上供下施（上供所有诸佛菩萨，下施六道所有众生）来累积资粮。凡是有需要我们帮助的，应该尽自己能力去做。没有人会因为布施而变得贫穷，如果我们用清净心和慈悲心去布施或供养，最后得到福报的是自己。

现在很多六七十岁的老年人，悠游自在，游山玩水，非常安逸地度晚年；相对地，也有很多拥有巨额财富的人，虽然年纪很大了，每天还在追求财富，一直忙到面临死亡时才不得不放下。这两种人，哪一种才算是有福报的呢？真的很难说。如果后者认为这样的付出是为了养活很多员工，当然是慈悲的表现。假如只是为了让自己累积更多的财富，不管他拥有多少钱财都没有办法享受，那就和饿鬼道的众生没有两样了。

很多人认为，不多赚一点钱就没有能力供养，没有办法下施。虽然这是一种愿力，但是拿上供和布施当借口，增长贪欲，而要做的功德却放在一边，永远等着拥有更多财富时再做，这是不恰当的。

"要懂得从自己的嘴中取下食物，施舍给别人。"这是劝戒人要舍弃私欲。一个自私自利、贪得无厌的人，就算拥有了全世界的财富也不会满足；一个懂得布施的人，他的心胸会越来越宽广，人生会非常快乐。

知足者常乐（二）

这世界不可能一切都圆满。你今天圆满，明天不一定也会圆满；你今天很富有，明天未必还是如此；你今天很健康，不代表明天也健康。每一件事都是如此，因为人世间本来就是无常的。

但是，我们往往会跟最好的人来作比较，而认为自己怎么会那么不幸；就是因为这样的比较，导致我们无法在这世间好好生存，甚至有很多人会因为这种痛苦而走上绝路。要学会面对人世间的现实。很多人会觉得人生不快乐，原因就是无法面对现实。

人的一生就像海浪一样，时而起，时而落。年轻时，我们可能意气风发，身体健康少病痛，事业顺利；但随着年龄的增长，身体状况会退化，或是无常的来临，财运走下坡路，使得命运变得坎坷；到了年老的时候，可能又是一切顺利的好日子。从"没有"到"拥有"，从"得到"而开始"失去"，到后来又"拥有"的整个历程中，需要我们长时间的反观自性才知道什么是真正值得珍惜的因缘福报。

我们说"知足常乐"，如果没有观察自己内在，怎么可能会知足？所以，内在的观察非常重要。

有钱了为什么也不快乐（一）

我们当然并不认为贫穷就会幸福，当一个人穷困潦倒没有饭吃，肯定快乐不起来的。物质拥有不是错误，在我们来讲，这就是福报。

释迦牟尼佛传法时，给孤独长老就是当时印度的一个大富豪，想请佛陀到他那里长住，他会提供一个地方当精舍，即讲经说法的地方。当时憍萨罗国明光王在位，生太子祇陀。给孤独长老看上了祇陀太子的花园，方圆几十公里都很平坦，很漂亮。他就去向祇陀太子请求："我想捐一个精舍好让释迦牟尼佛讲经说法，你能不能把你的花园出让给我？"祇陀太子把自家的花园打造得那么漂亮，哪里舍得，就想：大家都是很好的朋友，一个是王子一个是富豪，不给吧，好像不给面子，给吧，又不愿意。祇陀太子随口就说："不行，除非你用黄金铺地。"

这下好了，给孤独长老本来就很富有。"给孤独"就是为所有贫穷人施舍食物的意思。凡是印度发生饥饿、灾难，所有的人都可以去找他，他的门口永远是吃不完喝不完，他就是那样富有。他就请人在祇陀太子的花园铺黄金，真的把整个花

园铺满了。祇陀太子一看,非常惊奇:这怎么得了,不给不行了。这个给孤独长老太有福报了,随便说一说,他都可以做到,我还是随喜一下他的功德吧。祇陀太子就说:"这样吧,既然你把黄金铺地了,我就把钱收下来。还有很多参天古树长在那里没法铺黄金的,算我捐给释迦牟尼佛。你不要把我名字全拿掉,留下我的名字。"后来此处就取名"祇陀太子花园给孤独长老精舍"。

这是佛教史上释迦牟尼佛讲经说法呆得最久的地方,前前后后加起来有二十八年。你看,一个佛教徒用他的财富去造精舍,释迦牟尼佛没有阻止,这表示什么呢?一个人有能力赚取很多的金钱,他愿意去做上供下施,都是好的,因为这是他的福报。

有钱有福报是好的,我们讲的是不要有贪欲。

当你为了拥有金钱、名利、权力而去拼命争取,你会觉得很痛苦,随着拥有的越多,越来越痛苦。痛苦的原因,就是当你为了你的贪欲去争取,你还要伤害别人,还要做很多不好的事情。当你没有的时候你嫉妒,当你拥有的时候你傲慢,这一系列的痛苦的根源就在那儿。

在你追求这一切的过程中,如果对别人造成伤害,给你周边的人带来痛苦，特别是让你自己内心痛苦，那么这件事就是错误的，不可再去追求。在你追求的过程中，如果能够带给你带来快乐，也能给别人带来快乐，那么你当然可以去继续追求。

有钱了为什么也不快乐（二）

有次在成都吃饭，同桌的都是公司的大老板，大家都不算很熟，只是表面的那种认识，所以一顿饭下来，气氛有点沉闷。吃完出门，有点热，我们看见七八个摩托三轮车夫，上衣全脱了，坐在地上嘻嘻哈哈地打扑克，旁边有个小伙子在那儿卖烧烤。我就跟一起吃饭的人开玩笑："你们有没有觉得，我们的生活素质根本没有他们高啊？你们这群人生意做得很大，刚才我们吃得也很好，但我发现，从开始到结束没有一个人露出笑容。你看人家那一群人坐在那儿，一天能不能赚到几百块钱都不知道，一两瓶啤酒大家轮流喝着，高兴地打着扑克牌……"

人，有情商高的，有智商高的，有福报大的，也有福报小的，有身体健康的，也有不健康的，形形色色，但是有一个共同点：我们喜欢快乐。每个人努力工作，为这个社会，为自己的生存，每天拼搏，远离红尘的修行者和红尘中的在家众的目的基本上是一样的，为了快乐。

快乐的定义有很多种。出家修行者选择的是永恒的快乐。为了这永恒的快乐，他还是要付出很多的辛劳，并不是说躲在山里面他就快乐起来了。凡夫俗子中，有的千里迢迢从山区或乡下来到城里，找到一份工作能吃饱饭，晚上有个地方暂居睡觉，要求也不多，他的快乐来源也很多。

如果每个人都能够驾驭自己的欲望，那么快乐的来源实际上很简单，但是大部分时间我们都驾驭不了自己的欲望。所以，随着欲望度越来越高，我们的快乐就越来越少，出现一个很奇异的现象：世间所追求的豪宅名车或各种高科技产品给我们带来不了快乐，大家开始追求原始的东西，是早期被我们丢弃掉的，如一些欧美富豪跑到中南美洲过农民生活。所以，快乐实际上是我们一直往外寻找，但是找错方向的。

当我们心里的快乐度升高以后，外在的物质就是为心服务的。这时候，你不会变为物质的奴隶，因为你的心灵是正常的，把自己的欲望控制住了。

获得永恒的快乐

人不可能拥有一切,尤其心灵的自在,能拥有的又有几人?有人夸奖赞美自己,我们会感到心情舒畅,当下的包容心也特别大,博爱到好像可以照顾全世界一样。但如果有人讲自己的负面话语,包容心就会愈来愈小。心本身没有大小的界限,如果了解它的本质时,它就会变成无限的包容心,不了解它的时候,它就会带来许多情绪上的负面影响。

很多有智慧的人愿意把学问、能力、财富和大家分享。可你如果不去赞美、随喜别人,而想方设法欺骗,别人就会随时提防你,不愿和你分享。

人类的长处是可以思考。当知道一切的痛苦来自烦恼,就要懂得培养慈悲心,慢慢把贪念、嗔恨、妒嫉、傲慢等烦恼去除。佛教徒表面上是在度化众生,实际上是靠众生的力量在度化自己,应该对众生有感恩之心才对。当有感恩的心,嗔恨就生不起来,也不会嫉妒。因为曾发愿希望所有众生比自己好,所以如果众生的智慧和财富比自己多,应该高兴才对。何况他不需要自己的帮助,财富、名声、能力就比自己好,应该更值得欢喜,因为自己少了一个"负担"。

追根究底可以发现，一切痛苦来自于无明，因为无明让我们完全不了解什么可以带来快乐、什么会带来痛苦。但只要有大慈大悲的思想，付诸行动，痛苦就会愈来愈少。因为你的心会愈来愈广阔，愈来愈跟大海、虚空一样，可以包容一切正面负面的事物。无论你认为别人对或不对，要知道这都是因为各自的习性，一切都是因为有烦恼存在才会这样。能够这样理解，我执会减轻，心胸会愈来愈广大，日子愈来愈快乐，智慧愈来愈增长。破除了我执，就是增长了智慧。当分别心逐渐破除后，在短暂世间可以获得人所能具备的一切福报和快乐，究竟上可以得到永恒的快乐。

 为尽力付出而高兴

除了出世间的修行，世间法的奉献，在身体能力范围，我们都要尽量去付出。任何事情，下决心要参与，就不要再犹犹豫豫！在这个社会，当你最需要帮助而别人也很乐意奉献的时候，你就会感受到无边的快乐；当你还有能力为别人去奉献

的时候，就尽力多做一些，在付出的同时，收获到的快乐不是金钱可以比拟的。这是共同享受彼此福报的一种方法，是一个可以让快乐和幸福感最大化的方法，所以尽量让自己努力去参与，成为其中的一份子。

我常常听到有人说："我很早就想做点好事，做做义工，就是没有时间。我实在是太忙了！"其实这都是自欺欺人！

人喜欢找借口骗自己，已经骗成习惯了。如果有朋友请你出去玩一两个小时，有没有时间呀？当然有呀！要玩一天、一星期、一个月，都有时间，都不忙。可要你拿出两个小时做做义工、陪陪父母，你却说没有时间。我们知道，这都是在讲谎话，可有人很喜欢这种习惯性的说法啊！

许多人懒惰，不肯花时间做这些事情。如果有人告诉他，有一小时可以赚一万块钱的工作，他会毫不考虑马上就去做。大家都不知道，只要多做好事，累积福报，只要福报具足，一切财富就会自然而然出现。如果没有福报，从小拼命到老，拼了一辈子，口袋还是空空的。

我愿意做的事情，我深思熟虑以后就努力去做。努力了以后，这件事情如果没有成功，我也欢欢喜喜，因为我尽力了；如果成功了，我也很高兴，因为我努力了，不是为成功而高兴，而是为努力付出而高兴。

有群外国人要骑自行车走遍全世界，很自豪地认为全世界最有意志力的是他们这一群人。当他们行进在青藏公路上，沿路就发现有很多藏民用自己的身体丈量着一寸寸的土地。对多数藏族人来讲，每年的朝圣是必做的功课，意志力坚强的人，可以用他的身体做大礼拜，不为名不为利，只为了天下苍生幸福与太平的美好愿望。他们来自四川、青海、云南各地，风尘仆仆而又万分虔诚地叩向他们心目中的圣地大昭寺。为了拜释迦牟尼佛，有些人甚至跨越喜马拉雅山，一直拜到印度的菩提迦耶……

附 录

慈之悲悯，善之智慧

——专访嘎玛仁波切

 "善是人的内心最愿意接受的那一面"

黄辉：人们经常挂在嘴边的一句话叫做"行善积德"，古代经典也告诉我们"上善若水""人之初，性本善""知错能改，善莫大焉"，那么究竟什么是善呢？

嘎玛仁波切：所谓善，也就是每个人在内心最愿意接受的那一面。首先要让大家明白，为什么善是需要大家去付出的。善的反面就是恶。佛教里面所说的恶就是杀生、偷窃、邪淫、恶口伤人、挑拨离间等言行，这些对自己不利，对别人更加不利。既然是对自己不利，我们是不会去做的，因为一旦别人这样做我们也会苦恼，很不舒服，违背了我们愿意接受善的那一面。所以,希望能让自己快乐的部分就是善的部分。比如说,很多时候人为什么会去作恶,是因为不懂得尊重别人,不懂得生命和物质的价值在哪里,可能为一个手机、一个钱包就去伤害别人生命。

想要了解善,必须先从自己的本性往内看。看看自己与人相处的时,给予的正面力量多还是负面力量多。我们从小接受正面思想的教育,是真正的善,而不是长大了后才开始接受教导怎么去行善。真正学习"善"应该从教育的启蒙阶段开始。

黄辉:现代人对于善的理解和传统相比,有哪些变化?

嘎玛仁波切:传统的善的教育是建立在崇高的道德准则基础上的。他们会用很高的标准去要求自己,对别人的奉献是无私的、没有条件的。现代人拥有财富,汽车、洋房、电脑等充斥生活,以为这些会给我们带来快乐。其实我们犯了一个很大的错误,就是越来越忽略精神层面的东西,而越来越看重物质可能给人带来的快乐。人们愿意把这物质层面的东西奉献出来,认为这种物质的奉献就是行善。而传统意义的善,主要在于积德,先有德行然后再去行善。先把自身的品质提升起来,然后在通过品德的提升起到表率作用,无私地去做奉献。

现在所谓的行善，大部分是"无德"的。所谓"无德"，是我们忽略了善的精神层面，也不懂得慈善会给我们带来快乐；而是自己拥有了财富，以一种高傲的姿态与人分享，以一个胜利者、施舍者的角度行善，实际上对于接受者是不尊重的。现在不是没有做慈善的人，只是许多人不懂得，他们的财富来自于社会，同时回馈给社会，本身就是一种自然的循环，本身就应该带着一种感恩的角度去做善事。所以他们做慈善就比较盲目。归结起来，现代人做慈善求名求利的还是占多数。

黄辉：关于善的教育，对于现代的中国人来讲，尤其是富裕阶层的人来讲，应该注意一些什么问题？

嘎玛仁波切：对于富人来说，首要关注的是自己的品德，如何从"富"变"贵"，不要只停留在富有层面上，世界上富有的人实在太多了。今天你是富有者，明天你的财富也许就不复存在。而唯一可以保留长久的就是你的"贵"。人的一生，其实能消耗的财富很有限，穿的和用的都很有限，再多的部分，留给子孙后代，大部分会起到反效果。因为对大部分人来说，对不劳而获的东西都不会去珍惜，富人的子孙后代出现败家子的情形非常多。在媒体上经常可以看到许多批评"官二代""富二代"的,原因是什么呢?不是因为他们没有道德和良心,而是他们从小就没有感染到怎么用自己的品德和智慧去应对世界的方法,父母教育他们的只是"有问题父母解决,有困难父母给钱",而没有让他们自己去面对问题。父母的以身作则是非常重要的。

无论找多少高级老师教育孩子,永远比不上父母平时言行所产生的影响。孩子是否能学好,大部分取决于家庭的教育,社会教育只是其中的一部分;人都有从众心理,模仿是人的本能。所以,改善了自己的心态,提升了自己的内在,也是对子女最好的教育。我们一直提倡"不要让自己只是一个简单的富人",做"简单的富人"会被人藐视,因为你其实只拥有了财富的硬件,没有软件。想让自己的内心真正变得富贵,就要看你对社会能奉献多少,这也是人存在于社会的价值。

 "慈善不等于捐款,而是无私奉献"

黄辉: 慈善应是在慈悲的心理驱动下的善举。这有两层意思,一是慈悲的心理,二是善举,真正意义的慈善行为应是一种不附加要求的施舍。施舍本身就是一种快乐、一种满足。您认为这样的理解正确吗?

嘎玛仁波切:在精神层面上可以这么理解,这是一种很高的道德标准。

慈善本身是建立在希望所有人都能远离痛苦得到快乐的层面。很多人认为慈善就是捐款,实际上慈善是方方面面的。现代社会压力大,很多人都是亚健康,忧郁症患者非常多,倾听人诉苦也是一种慈善。看似很简单,却有可能因为你倾听了别人倾诉,而让人放下了走绝路的念头。医生给病人治好病,老师教会孩子知识,都是善举。每个人在自己的能力范围把事情做好。医生给病人看病,不要想着要从病人哪里得到多少好处,而是要怀着一颗慈悲心,努力把病人治好,否则就成了社会上传闻的"兽医"。

那些默默无闻做义工的,他们没有显赫的身家,贡献自己微薄的力量,觉得这种付出很快乐,因为他们找到了自己活着的价值。他们每天上班下班,领着微薄的薪水养家糊口,可能没觉得人生多么有价值。当他们抽出时间去帮助他人,付出自己的辛勤劳动,受到人们的赞美,那一刻他才真正感受到自己活着的意义，因为他们的生命变得"高贵"了。

所以，慈善不单纯是往外付出，而应该要做无私奉献，人在无私奉献的状态中是很快乐的。人们往往犯一个最大的错误就是等待，等待自己的付出获得别人的承认和赞美，当等待落空就会变得不快乐。人和人的相处中如果有了这种心态，付出就有了附加条件；而如果用无所求的心态去看待每一件事，当你付出了，不要求任何回报，这种爱才是真爱。如果你的付出都要求回报，家人之爱就成了交易，夫妻之情就成了买卖，同事之间也变成了讨价还价，那么这个世界就会变得斤斤计较、了无生趣了。

黄辉：慈善似乎是一个西方意识形态的概念，在中国传统儒家文化里并不曾大范围提倡。《礼记》记载有"嗟来之食"，我们从小被教育"廉者不受嗟来之食"。"施"与"受"二者之间并不是一种平等的关系，是这样的吗？

嘎玛仁波切：慈善概念的源头最早不是来自西方，而是来源于佛教。两千五百多年前释迦牟尼佛在印度倡导佛教，他提出了一个理论，就是"众生平等"。无论是富人或者穷人、权贵或者平民、学者或者文盲，乃至动物，所有的生命都是平等的。不能因为听不懂对方的语言，不了解对方的苦难，而忽略他们的痛苦。基于众生平等这个前提，所有的生命应该享受同等的快乐。佛教另一个重要理论便是"因果"，人们付出得越多，得到的肯定也会越多。因果循环是生生不息的，虽然我们强调慈善是不求回报的付出和奉献，但这种善行绝不会被淹没，只会成倍地收获播种善因而结成的果。

很多人不了解，在藏区为什么很多人把最好的东西都送到寺庙，实际上寺庙已经成为大家共同的财产，缺衣少粮甚至生病都可以寻求寺庙的帮助，这也可以用因果论来解释。佛教对于非信徒乃至动物都是同等对待。佛教里面"施"与"受"之间是平等的关系。

黄辉：中国现有的《辞源》《辞海》《现代汉语辞典》中都没有"慈善家"的词条。前些年出版的《中国大百科全书》中有相关的"慈善事业"的词条，释义是"从同情、怜悯或宗教信仰出发对贫弱者以金钱或物品相助，或者提供其他一些实际援助的社会事业……其目的是为了做好事求善报……它只是对少数人的一种暂时的、消极的救济……它的社会效果存有争议"。您对这样的解释怎么看待？

嘎玛仁波切：（笑）看来他们并不认同。这个社会本身并没有达到真正的平等，从西方的"二八理论"就可以得知，这个社会其实是由少数人来掌握着权力和财富，这部分人德行的提升决定了这个社会道德水平。我觉得最大的慈善还是净化人的心灵，并不一定是宗教的，社会教育和道德教育都可以达到。

刚刚关于这个词条的解释，基本上可以理解为一种仇富心态的延伸。别人拥有财富，有人心里不舒服；即使富人把财富布施给大家，受布施者也认为这是他们应该做的。实际上，这个世界上并没有一件事情是谁"应该做的"。所以说，一个慈善家必须具备足够的心量，同时他的家人也要具备同样的心量，政府也要有足够的政策支持他做这样一件事。当然目前社会对于做慈善存在争议比较多，有人在图名，可哪怕是为了炒作，也总比只会囤积财富挥霍财富的人要好得多。有人愿意去做慈善，不管他们抱着什么样的心态，只要结果确实使很多人受益，都是应该受到鼓励的。

黄辉：有人认为，从佛法的角度看，那些正在经受生活困苦的人，可以理解为是"他们累世所造就的业报"，也就是说"他们在自作自受"，他们受够了便消了业报，那为什么还要去救助他们呢?这样一来,岂不是助长了"不劳而获"的风气?

嘎玛仁波切:做慈善确实是非常需要智慧的。如果仅仅是给予经济上的援助,有时候反而会滋长了一部分人的懒惰心理,这种情况是有的。"授人以鱼不如授人以渔",经济上的援助只能暂时改善他们的生活,教育却能改变他们的思想,从而从根本上改善生活和社会面貌。所以,我们不认为只有给人经济上的援助才叫慈善,从精神上彻底改变才是做慈善的智慧。

"郭美美事件投射出整个社会公益心的不足"

黄辉:从最近发生的"郭美美事件"来看,中国慈善出现了严重的信任危机,这场危机直接导致了本来需要救助的人们无法获得救助。您怎么看?

嘎玛仁波切:中国的慈善事业还属于起步阶段,法律法规上有很多不完善,早期我也曾参与过四川红十字会的一些工作。有一个问题,我们一定要明确:一个路边乞讨的人有可能拿乞讨来的钱回家盖房子,我们应不应该给他钱?我们也许会觉得不该助长这种乞讨之风。当我们面临真正需要帮助的人来乞讨，给个两三块钱，好像我们付出了，其实我们能做的很有限。反过来想一想：假如那个乞丐因为众人的布施而盖起一座房子来，众人的慈悲让他成就了一辈子的梦想，那不也是一件很好的事吗？

"郭美美事件"导致大家不再给慈善机构捐款，是整个社会公益心不足的悲哀。医生缺德的有很多，老师缺乏道德素养的也不少，我们总不能因为这样，生病了不去看医生，不送小孩去上学。我相信法律会越来越健全，关注慈善的人也会越来越多。我们也在做"一对一"助学，帮助者与被帮助者之间的信息是完全畅通的，中间不经过任何人，效果很好。慈善资金来自于社会大众，每一分钱都要用在最需要的地方，账目透明也是给捐助者信心。所以，慈善还是要做，每个人的付出都像一滴水，众人齐聚就能汇成一条河，那些需要帮助的人就能得到帮助。

黄辉：从全球的趋势来看，最成功的慈善组织并非来自官方，如比尔·盖茨夫妇成立的基金会，为什么会出现这样的现象呢？

嘎玛仁波切：首先就是他们行动反应快。我亲自参加过"泰国普吉岛海啸""台湾九二一大地震"的救援工作，经历多次赈灾活动，发现一些民间团体总是跑在最前面。第二就是这些民间慈善机构账目清楚，公开透明，这也是深得人心的原因。政府慈善组织里面社工很少，大部分都是工作人员，牵涉到薪水问题。而宗教团体和民间慈善机构绝大部分由义务奉献的人组成，大家都是不求回报地做慈善，对一般老百姓来讲感觉上就很舒服。

西方民间慈善团体有很大的影响力，其中一个重要原因是资金实力特别雄厚，项目也相对单一。比如艾滋病的救治、某种药物的研发，目标明确，也容易成为媒体关注的焦点。不像政府的慈善机构是全面覆盖的，却很难照顾到全面。

黄辉： 您主持成立慈善基金会，目前做了哪些活动？

嘎玛仁波切： 我们一直以来都是以教育为主，之前在国外的时候就有两个基金会。一个是宁玛巴文教基金会，曾经在藏区，还有柬埔寨、马来西亚、尼泊尔、印度等一些地方，给失学儿童助学，帮助学校建立小型图书馆。我一直认为，要根本改变一个地区贫穷落后的面貌，大规模的捐助衣物药品是不够的，那只会让他们过上几天好日子，所以我们改用做教育的方式。另外一个在国外成立的四重恩文教基金会。所谓"四重恩"一是父母恩，对父母要孝顺；二是国家恩，对自己的国家要忠诚；三是社会恩，对社会要报答；第四是三宝恩，佛教信徒对佛教要感恩。通过佛教的教育，回归现代人迷失的民族自尊和对社会的感恩。另外我们也在做一些敬老活动，目前在藏区有一百五十多位老人在接受我们的帮助。

黄辉：在中国，民办的慈善机构举步维艰。实际上，慈善在缓和社会矛盾、维护社会公平方面起到了非常重要的作用。于是，有学者提出了慈善"民办官助"的设想，您觉得这个设想是否可行？

嘎玛仁波切：我觉得应该是这样。目前中国社会完全靠民间去做慈善，不是很成熟，在法律上还没有关于民办慈善如何去做的指引。在西方，很多民办慈善会是企业家"洗钱"用的。他们必须在离世之前把遗产税交清，否则，子孙继承遗产时大部分财产会被收归国有。他们往往把自己名下的财产转移到多个人所有的基金会名下，而基金会是不需要交税的，甚至还可以抵税（所有的捐款都可以作为报税）。我们国家还没有这样的制度。

我们的国家很大，完全依靠政府去解决，很难照顾到方方面面。如日益加剧的贫富差距和仇富心态，地区发展的不平衡带来的社会问题，以及对于社会弱势群体的关注与帮助等，政府解决一部分，民间团体也可以帮助解决一部分。但是，也要警惕有假借慈善的名义进行敛财的，如果没有一个强有力的制度监督执行，慈善组织很可能会变成一个敛财工具。所以，我认为政府作为辅助的监督作用还是必不可少的。

黄辉：对中国想做慈善的企业家，您有什么建议和忠告吗？

嘎玛仁波切：中国目前做慈善的，大多数是蜻蜓点水式的，这边号召学校助学就捐点钱助学，那边山体滑坡就再捐钱赈灾，需要修路的时候就再给钱修路……这种分散的、单一的捐助方式往往不知道下一步该做什么。其实我们可以学习西方，专注于某一个方面的慈善事业，如我们选择做助学，就一直做助学；又如专注某种疾病研究，可以花更多资金和精力在这个领域，让医学家有足够的经费去做研究。单一地成立某一项慈善基金，专注于某一个慈善领域，是一个非常好的方法。

（撰文/黄辉　原载《绅士生活》二〇一一年十一月十二月合刊，有删节）

团购电话:010-84407273

E-mail:limeikongjian@126.com

微博:http://weibo.com/limeikongjian